Blaise Constant TCHAMKO

Si Dieu le veut

EDILIVRE

Cet ouvrage a été composé par Edilivre

Immeuble Le Cargo, 157 boulevard Mac Donald – 75019 Paris
Tél. : 01 41 62 14 40 – Fax : 01 41 62 14 50
Mail : client@edilivre.com
www.edilivre.com

Imprimé en France
Texte intégral

Dépôt légal.

ISBN papier : 978-2-414-54170-6

Les trombes d'eau qui tombaient sans discontinu depuis des jours, me laissaient penser que nous ne devions pas être loin de la fin du monde, tant le spectacle de désolation qui s'offrait à mes yeux était effarant.

Apeurés par les éclairs qui ne cessaient de zébrer le ciel, la majorité des habitants de Boca-Boca s'étaient calfeutrés chez eux en priant pour que les toitures de fortune résistent à la violence des bourrasques.

Il faut croire que leurs prières n'avaient pas été entendues vu le nombre de tôles que je pouvais voir s'envoler, de la petite fenêtre de la chambre que je partageais avec ma mère.

— Où vas-tu ?

— Aux toilettes !

Le sentier qui serpentait entre les habitations du bidonville, craquelé par endroits, laissait échapper des nappes de boue épaisse qui drainaient tout sur leur passage.

Cela n'était pas pour me rassurer, mais je n'avais guère le choix, à moins de me résoudre à me faire dessus, ce qui vu mon âge n'aurait pas manqué de faire parler nos voisines postées derrière leurs volets.

Une rafale de vent secoua soudain la toile de jute des latrines que nous avions construites au milieu de bananiers géants à l'écart des bicoques, m'obligeant à me rajuster en vitesse.

Je pataugeais dans l'eau glaciale, quand quelque chose qui venait de s'accrocher à une de mes chevilles, m'arracha un cri de terreur.

Un volet s'entrouvrit puis se referma aussitôt.

Je continuai d'avancer en implorant le ciel que ce ne soit pas une de ces vipères du Gabon dont la morsure avait eu raison d'un gamin d'ici il y a peu.

La porte qui claquait au vent me résista pendant un moment, mais je parvins tout de même à la refermer.

Certes, nous nous trouvions toujours à l'abri, mais pour encore combien de temps.

La pluie qui s'infiltrait par les minuscules trous des tôles rouillées du toit, n'en finissait pas de tout inonder.

Notre petit congélateur et notre unique canapé que nous avions pourtant pris le soin de surélever sur des blocs de parpaing tanguaient de façon dangereuse tout comme notre téléviseur seconde main acheté il y a peu au marché Central.

C'est vrai qu'il lui arrivait parfois de ne fonctionner qu'un jour sur deux, mais c'était tout de même là notre seule distraction du soir.

Je me précipitai donc pour le protéger de mes bras écartés, ignorant les remarques de ma mère occupée à sauver ce qui pouvait encore l'être.

Et dire que tous les ans, à la même période, nous étions condamnés à ainsi subir les caprices du temps sans broncher.

“Mais quand daignerait-il enfin nous laisser un peu de répit ?! Et tous ces dégâts… il nous en faudrait des jours pour parvenir à tout nettoyer !”

Dans ces moments où tout allait mal, il m’arrivait de me demander ce qu’aurait été ma vie si j’étais parvenue à quitter cet endroit horrible.

Oui, si j’avais été mariée ou bien fiancée, sans doute serions-nous mieux installées et sans doute que tous ces tourments ne seraient pas les miens.

Mais pour cela, déjà aurait-il fallu que je parvienne à trouver un homme prêt à veiller sur maman et moi.

Pas un beau parleur ou show-man du genre “Viens on reste”. Non, juste un homme comme celui de ma voisine Patou.

Avec lui, je serai allée n’importe où. Quoique, à bien y réfléchir, je n’en étais pas si sûre que ça, car même si l’idée d’abandonner ce bidonville implanté à l’une des sorties du quartier AKWA me séduisait, l’inconnu me faisait aussi peur.

Nous avions échoué ici alors que j’avais à peine cinq ans. J’en ai aujourd’hui vingt et un.

Mon père, très diminué depuis une chute dans la palmeraie où il travaillait, espérait toujours nous trouver un toit plus digne, même s’il s’était bien gardé de nous dire avoir engagé toutes nos économies dans cette ruine.

Six mois après notre installation, son état de santé se dégrada très fortement avant qu’il ne reprenne à nouveau des forces pour mieux nous quitter un matin, laissant à maman désemparée, des factures d'hôpital que nous ne finirons sans doute jamais de payer.

Et comme si son chagrin et le fait de devoir m'élever toute seule n'étaient pas suffisants, des vautours se manifestèrent pour nous rembourser le coût du logis que nous avions pourtant acquis avec titre, car pour eux nous restions des étrangers.

Il faut reconnaître qu'à Boca-Boca, les parcelles ne se transmettaient que de père en fils et que toutes les familles se connaissaient depuis des générations.

Mais malgré l'anomalie que nous représentions à leurs yeux, la ténacité de maman finit par avoir raison des plus réfractaires.

Le bidonville avait été ravagé par plusieurs incendies criminels, mais l'entraide et la détermination des deux cents âmes qui y vivaient, avaient à chaque fois permis de le reconstruire à l'identique, malgré les fréquentes descentes et la brutalité des forces de l'ordre sollicitées par des promoteurs immobiliers pour lesquels nous n'étions que des cafards à écraser.

Des cafards, qui pour le moment, se noyaient sous des trombes d'eau.

— La pluie ne doit pas nous arrêter de vivre !

Ma mère avait raison comme presque toujours, sauf que là, je ne voyais vraiment pas ce que nous aurions à gagner à sortir sous ce déluge.

— Laisse, je vais le faire !

— Va plutôt réchauffer le ndolè !

J'obéis pour ne pas provoquer de dispute bien que je ne comprenais pas pourquoi elle s'obstinait à porter des charges aussi lourdes à son âge alors que je pouvais le faire à sa place.

— Fais attention !

Après avoir calé le pousse-pousse avec des pierres, je l'aidai à y déposer son fardeau avant de venir y ajouter trois autres marmites.

— Tu as fini de "tourner" le Koki ?

— Oui...

— J'espère que tu ne l'as pas trop salé comme la dernière fois ?!

"La dernière fois, ce n'était pas vraiment ma faute, juste un accident... la faute à l'amour..."

Mais je ne pouvais lui en vouloir de ce manque de confiance, car de sa réputation de meilleure cuisinière des pauvres dépendait notre gagne-pain.

Cela faisait plus de trois décennies qu'elle exerçait son métier mais elle ne semblait toujours pas prête à raccrocher, malgré ce mal de dos persistant et la goutte à une de ses jambes. Et dire qu'elle n'avait que 62 ans...

— J'espère que la viande de chèvre a bien mijoté ?

Je la rassurai pour la forme, en me demandant s'il m'arriverait de temps en temps de connaître ce type de préoccupation dans mon propre foyer.

Je me sentais prête, ne me restais plus qu'à trouver enfin le bon même si j'appréhendais de devoir un jour faire cette annonce à ma mère qui avait tout sacrifié pour moi.

D'aussi loin que je me souvienne, elle et papa étaient les seuls parents que je n'ai jamais connus.

Je commençais tout juste à faire mes premiers pas lorsqu'ils avaient débarqué un jour dans ma vie un peu par hasard, après avoir fait le trajet depuis Douala pour assister aux obsèques d'une cousine de papa.

La défunte que l'on venait de porter en terre, laissait une orpheline assise sur une natte de raphia devant sa case dont personne au village ne voulait vraiment, allez savoir pourquoi.

Par contre, pour ces citadins qui ne pouvaient avoir d'enfants, j'étais une bénédiction envoyée par le ciel et il ne leur fallut pas très longtemps pour parvenir à convaincre les anciens. Les funérailles de ma véritable mère terminées, j'étais officiellement devenue Essèbè NTOME, leur fille.

Une fillette qui depuis avait bien grandi et à laquelle il arrivait souvent de tenir tête à sa mère, en espérant secrètement devenir elle-aussi un jour maman.

Ce fou désir de maternité, de plus en plus présent en moi, me laissait parfois assez songeuse, car aucune de mes histoires d'amour n'avait connu de dénouement heureux. Il faut croire que je ne devais pas savoir m'y prendre avec les hommes.

Ma mère, qui me reprochait de trop rêver à l'homme parfait, était en tout cas de cet avis. Je ne voyais pas en quoi cela était mal de vouloir ce qu'il y avait de mieux, même si je m'accommoderai volontiers d'un homme avec quelques défauts s'il me rendait heureuse.

— Tu rêves ou bien ?!

“Oui maman, je rêve. Encore et toujours, d’une vie meilleure pour nous deux et d’un foyer rempli de joie. Regarde-nous ! Regarde-moi ! Avoir été à l’université pour finir vendeuse de plats cuisinés faute de mieux... tous tes sacrifices...”

— Aide-moi !

Elle n’était pas méchante, mais il y avait des fois où je devais me retenir violemment pour ne pas la prendre par les épaules et la secouer à n’en plus finir jusqu’à ce qu’elle ouvre enfin les yeux sur notre dure réalité.

Emmitouflées dans nos grands sacs en plastique, nous étions enfin prêtes à affronter le déluge qui continuait de s’abattre, même si j’aurais préféré ne pas avoir à y aller.

Le pousse-pousse chargé plus que de coutume fit de la résistance. Nous aussi, et ce malgré nos bottes qui s’enfonçaient à chaque nouveau pas un peu plus dans la boue.

— Essèbè, que fais-tu ? Pousse ! Pousse !

— C’est ce que je fais !

— Cesse de répondre à ta mère !

Il nous fallut bien une demi-heure de lutte acharnée, pour atteindre enfin la sortie de Boca-Boca. Bien que les commerces soient ouverts, il y avait très peu de monde dans la rue, mis à part quelques employés qui fumaient sur le perron d’une officine.

Un taxi qui venait de nous dépasser à vive allure, nous éclaboussa, me faisant regretter une fois de plus d’avoir dû sortir par ce temps.

— Marche un peu plus vite !

Et un autre… et encore un autre…
— Essèbè !

Au fil des années, j'avais fini par m'habituer aux lamentations exagérées de ma mère auxquelles je ne prêtai désormais presque plus attention, mais je savais aussi que si je ne lui obéissais pas, il en serait ainsi toute la journée. Je fis donc ce qu'elle me demandait en tenant fermement le manche du chariot sans quitter le goudron des yeux.

Ce serait mentir si je vous disais que je n'étais pas soulagée que nous soyons enfin arrivées à notre point de vente. Pendant que ma mère filait enlever ses vêtements mouillés à l'arrière d'un container éventré dans lequel nous entreposions nos foyers de charbon et un vieux parasol, je commençai à décharger le contenu du pousse-pousse.
— Tu n'as pas fini ?!

Le parasol qui me résistait finalement installé au-dessus des marmites, je partis me changer à mon tour, profitant au maximum de ce bref instant de répit qui m'étais donné avant de me “mettre en chasse”.

— Asso, bonjour ! Asso, c'est comment ?

Il était midi passé. La pluie qui continuait de tomber par intermittence, n'arrangeait pas nos affaires.

Les boules de koki tiède attendaient toujours leurs premiers preneurs, mais c'était surtout la sauce ndolè de la veille qui me préoccupait.
— Demain sera un autre jour !

Je souris aussi, même si derrière le sourire de ma mère, je devinai sa crainte de devoir rentrer avec tout cet invendu.

“Si seulement elle promettait de s’arrêter de s’en prendre à moi pour un oui ou pour un non. Je ne pouvais rien contre la météo et surtout ce n’était pas moi qui était allée prendre à crédit trois kilos de viande chèvre chez le boucher du quartier !”

— Bonjour !

“Si j’avais su qu’il passerait, je me serai un peu mieux arrangée… en même temps, j’aurais dû le savoir puisqu’il venait tous les jours… je devais être affreuse avec toutes ces mèches qui pendouillaient sur mon visage…”

— Essèbè ?!

— Qu’est-ce que je te sers ?

— Du riz ndolè !

Cela vous surprendra peut-être de m’entendre ainsi le tutoyer, mais ce n’était pas un client comme les autres et nous savions tous les deux ce qu’il attendait de moi, même si je lui avais bien fait comprendre de par le passé que pour rien au monde, je ne souhaitais devenir la seconde de ses épouses même s’il m’attirait follement.

Cette insistance qu’il mettait dans chacun de ses sourires et la manière dont son regard caressait ma poitrine me gênait beaucoup. Il le savait et en jouait comme pour me faire payer mon audacieux refus.

— Merci !

Il prit son plat en effleurant ma main au passage et s’installa sur un tabouret branlant pour déguster son déjeuner.

— Ce n'est pas un homme pour toi !

— Je sais ! Il est marié et a cinq enfants !

Cachée par mes casseroles, je pouvais l'observer à ma guise sans qu'il ne s'en rende compte.

Je savais qu'il avait à peine 35 ans, mais son visage cerné, brûlé par le soleil, lui donnait un air beaucoup plus âgé qui n'enlevait rien à son charme.

A un moment donné, il essuya une de ses mains calleuses sur son jean sale puis tourna la tête dans ma direction comme s'il se doutait que je l'épiais.

"Il devrait ralentir sa consommation de bières car il en était déjà à sa troisième bouteille… Combien gagnait un docker déjà ?"

***

Il faut croire que mon soupirant nous avait porté chance, car malgré le temps maussade, les clients n'avaient pas cessé de défiler devant notre étal, nous redonnant le sourire et la bonne humeur.

Cette journée aurait été parfaite en tous points, si le "charognard" ne s'était pas pointé alors que nous étions en train de remballer nos affaires. J'avais surnommé ainsi ce ventripotent joufflu, vu son crâne dégarni et la façon qu'il avait de rouler des yeux quand il était en colère. Ce qui lui arrivait souvent.

Les hommes étaient bien tous les mêmes dès qu'ils se trouvaient en position de force et je ne comprenais pas pourquoi personne n'avait jamais osé dénoncer ses agissements alors que la liste de ses victimes ne cessait de s'allonger de jour en jour. Dockers, vendeuses à la sauvette, chauffeurs de taxi, transitaires, il était devenu le cauchemar de beaucoup, multipliant au minimum par dix son salaire mensuel d'inspecteur des douanes avec toutes ses extorsions.

Il m'était arrivé de le faire remarquer à ma mère un jour où il avait décidé de lui mener la vie dure, mais elle s'était contentée de hausser les épaules en me disant que je n'avais pas à m'en mêler.

Elle n'avait peut-être pas tort, mais en attendant, nous nous tuions à la tâche pour ensuite passer à la caisse comme en ce moment et cela me rendais chaque jour un peu plus malheureuse que de devoir assister, impuissante, aux explications qu'elle devait fournir à ce sale type qui se contentait de tendre la main, le regard ailleurs.

Chacune d'entre nous devait lui reverser six mille francs CFA par semaine et même si nous étions nombreuses à penser que c'était un peu trop, nous payions en silence car il avait toute latitude pour choisir celles qu'il autorisait ensuite à s'installer devant le mur surélevé de béton et de barbelés qui nous séparait des quais du port de Douala.

— Tu paies ou dès demain je donne ta place à une autre !

Cela me démangeait d'intervenir et de le traiter de tous les noms devant les autres, mais comme à son habitude, maman m'en dissuada du regard avant de sortir quelques billets froissés de son soutien-gorge.

“Si seulement, il pouvait arriver à s'étouffer avec tout cet argent…”

Le trajet de retour se déroula en silence. Même si je savais qu'elle n'avait pas vraiment eu d'autre choix, pour une raison que je ne m'expliquai pas, je lui en voulais d'avoir encore dû lui céder.

"Pourquoi prenait-elle le temps de répondre à cette voisine, alors que je venais de l'ignorer ?!"

Certains me trouveront sans doute mal élevée ou intransigeante avec ma mère mais j'avais mieux pour eux. J'étais jalouse. Pas d'elle, de l'autre.

Jalouse, car elle arrivait toujours je ne sais trop comment à se sublimer avec de la friperie second choix. Jalouse, car malgré ses cinq grossesses, elle était restée fine et élancée, tout mon contraire.

Jalouse, car elle était la femme de celui qui me convoitait et même si je ne partageai pas du tout ses sentiments, il m'arrivait de me dire que j'aurais parfois bien aimé me retrouver à sa place pour pouvoir moi-aussi me prélasser jusqu'à deux heures de l'après-midi pendant qu'il trimait.

Enfin, jalouse, car elle avait le chic pour répandre des cancans sur les autres femmes du bidonville sans jamais se faire prendre. Étais-ce parce que je l'enviais ? Toujours est-il, que je ne comprenais pas comment il avait pu s'enticher d'une paresseuse pareille qui lui avait en plus apporté trois gamins d'un autre dans sa corbeille de mariée. Il faut dire qu'elle savait le mener par le bout du nez…

Je continuais de ruminer quand une silhouette sortie sur le pas de la porte me vit revenir à la vie, me forçant à me composer aussitôt un sourire détendu.

"Seigneur, cette mâchoire carrée, cet éclat de rire, il était tout simplement parfait. Il devait être de passage car je ne l'avais jamais vu ici auparavant.

Elle et sa voix criarde... elle était vraiment obligée de faire du charme à tous les hommes qui croisaient son chemin ?!"

— Cesse de les regarder comme ça !

Ma mère avait raison. Voilà que je me mettais à me comporter comme une idiote à mon tour.

***

C'était la première fois en deux semaines que la pluie se décidait à nous laisser un peu de répit, ce qui n'était pas plus mal ainsi car nous pouvions enfin nous atteler au grand nettoyage de notre intérieur envahi par des flaques de boue aussi gluantes que de l'argile.

Je n'avais pas vu le temps passer, mais bien que je sois éreintée, je ne comptais pas aller au lit de bonne heure ce soir, désireuse de profiter de quelques heures de liberté si ma mère me l'accordait.

— Où tu vas comme ça ?

Je ne le savais pas trop moi-même mais il fallait que je découvre qui était cet homme et dans ces moments-là, je regrettai de ne pas être plus copine avec Sonia.

— Essèbè ?!

— Maman, je vais juste marcher un peu !

— Habillée comme ça ?!

Elle n'avait pas tort car j'avais pris un soin tout particulier à me coiffer puis à choisir ma tenue de sortie et je lui avais même emprunté son châle des grandes occasions.

— Je ne rentrerai pas tard !

Les débits de boissons envahis par les clients et les belles de nuit redonnaient un semblant de vie à l'artère du quartier qui était encore par endroits jonchée des dégâts causés par les derniers orages.

Je n'eus pas à chercher très longtemps avant de le retrouver mais lorsque je découvris qui était attablé en sa compagnie, je me décidai à poursuivre ma route en maudissant le sort.

— Essèbè ?!

— Bonsoir…

— Tu… tu te joins à nous ?

Je refusai juste histoire de me faire prier, ce qui ne manqua pas d'arriver et comme dans un rêve, je vis mon obsession du moment se lever et m'avancer une chaise avant de se rasseoir en souriant, au grand dam de Sonia qui me jetait des œillades assassines.

— Bonsoir, je suis le beau-frère de Timo !

J'avais beaucoup de mal à croire que Sonia et lui soient frère et sœur tant ils étaient différents.

— Vous voulez boire quelque chose ?

Avant que je n'aie eu le temps de répondre, il se dirigeait déjà vers le comptoir au grand dam de mon soupirant au regard de chien battu. Je savais qu'il avait mal mais je ne doutais pas que cela lui passerait car il semblait enfin avoir réalisé que nous deux ce n'était pas possible.

Mon inconnu revint avec ma commande.
— Merci.

Alors qu'il se rasseyait, je remarquai que son teint de peau était bien différent de celui des hommes d'ici. Ceci, rajouté à son élégance, sa manière de parler et de se tenir, tout en lui transpirait l'Etranger, à mille lieux de connaître notre misère quotidienne.
— Vous êtes toujours si silencieuse ?
— Non, pas toujours...

Cette réponse eut du mal à me convaincre moi-même. Il était là en face de moi et voilà que tout à coup, j'étais incapable de soutenir une conversation alors que je désirai apprendre à le connaître, encore plus depuis que j'avais noté qu'il ne portait pas d'alliance. Bien que la présence des deux autres n'arrangeait pas les choses, il allait me falloir m'efforcer de me comporter d'une autre manière si je tenais à lui faire bonne impression.

"Et dire qu'il ne me quittait pas des yeux. "
— Tu en veux un ?

" Timo, arrête donc un peu ! Ce n'est pas parce que nous nous trouvons juste à côté d'un étal de poissons grillés que je veux absolument en manger ! Concentre-toi donc sur ta femme !"

Sonia semblait avoir deviné son attirance pour moi, du moins c'est ce que j'en conclus au regard qu'elle lui jeta et qui en disait long sur ce qui l'attendait une fois de retour à la maison.

Je le plaignais d'avoir ainsi à devoir la supporter au quotidien sachant que cela m'aurait été impossible et commençais aussi à comprendre mieux pourquoi il s'accrochait à moi de la sorte. A ses yeux, j'étais la seconde épouse idéale car nous avions toutes les deux des caractères bien opposés et à travers moi il trouvait l'échappatoire de l'enfer qu'elle devait lui faire vivre au quotidien…

— Va me chercher à boire ?!

Timo se leva aussitôt. Je ne pouvais que lui souhaiter de parvenir à enfin trouver celle qu'il cherchait et à être heureux, car il ne le serait jamais avec Sonia qui semblait avoir brisé l'élan de la conversation que son frère et moi avions, même si à sa façon de me dévisager, je pressentais qu'une certaine complicité s'installait entre nous.

Je reconnaissais que je n'avais pas vu l'heure passée, mais de là à ce qu'elle vienne jusqu'ici me chercher et me crie dessus devant tous les noctambules médusés. Il y avait des jours comme ce soir où je crevais d'envie de lui balancer le fond de ma pensée, mais je me retins, pour elle, pour moi, mais surtout pour lui qui semblait beaucoup s'amuser de cette situation.

— Je m'inquiétais pour toi !

— Maman !

— Demain, il y a marché !

Le marché, encore et toujours. J'aurais tout donné pour une fois afin de pouvoir en être dispensée l'espace d'une journée.

— Joignez-vous donc à nous !

— Monsieur ?

— Oscar…

Je n'ai pas le souvenir d'avoir déjà eu à rencontrer quelqu'un avec autant d'éloquence et je pense que ma mère non plus, rien qu'à la façon qu'elle avait de rouler des yeux et de le dévisager bouche grande ouverte. Et bien que les beaux-parleurs n'avaient pas une très bonne réputation chez nous, lui dégageait quelque chose qui le rendait vraiment spécial par rapport aux autres hommes attablés aux alentours.

J'aurais pu vous affirmer sans me tromper qu'il était intelligent. Oui, c'était un esprit très brillant qui m'avait déjà conquise et qui faisait son petit effet sur maman même si Sonia monopolisait la parole et l'attention comme à son habitude, à mon grand regret. Pour autant je n'osai pas l'interrompre, de peur de ne déclencher la reprise des hostilités et que son frère ne me trouve impolie.

A l'écouter ainsi vanter la réussite rencontrée par ce dernier à l'étranger comme si elle en était la source, me donnait de l'ulcère et l'envie de lui lancer à la figure : "Alors, à quand ton départ de Boca-Boca ?!"

Ma mère qui se contentait de l'écouter en hochant parfois la tête en était déjà à sa troisième bière. Sachant de quoi elle était capable lorsqu'elle était éméchée, je décidai qu'il était temps de rentrer.

— Déjà ?!

— Oui...

Il semblait aussi déçu que moi. C'était bon signe.

— Essèbè, rassieds-toi !

— Maman, arrête !

— Je vais la raccompagner !

Timo. Mon sauveur. Sur l'instant, je lui aurai même sauté au cou pour le remercier mais Sonia ne semblait pas de cet avis et je pouvais lire dans ses yeux combien il lui en coûtait de me laisser seule avec son frère.

Son avertissement avant de se retirer me laissa de marbre car nous étions assez grands tous les deux pour savoir ce que nous voulions et je n'entendais pas lui demander la permission pour tenter ma chance avec lui.

Nous étions enfin seuls comme je le désirai mais je ne trouvais pas les mots pour relancer la conversation alors qu'il continuait de siroter son verre en silence.

"Tu sais que tu es vraiment pitoyable ?! Trouve quelque chose ! N'importe quoi ! "

Et pourtant, je ne devais pas être la seule à penser qu'il était plus séduisant que jamais à en juger par le nombre de femmes qui s'arrêtaient pour un oui ou pour un non devant notre table.

— Encore une ?

— D'accord...

Ce petit côté très attentionné me plaisait certes, mais je voulais surtout qu'il me parle de lui, du pays où il vivait et de ce qu'il était venu faire ici.

Je ne me souviens plus du nombre de bières que nous avions bues ce soir-là, mais au moins, cela m'avait permis d'en apprendre un peu plus sur lui. A peine la trentaine, il avait passé la majeure partie de sa vie à l'étranger, son enfance et son adolescence à Bouaké en Côte d'Ivoire, chez un oncle maternel. Adulte, il était allé au Gabon tenter sa chance sans succès puis au Tchad où il s'était finalement installé depuis huit ans et où il possédait plusieurs florissants commerces de vivres frais. Oui, Sonia était bien sa sœur, une demi-sœur pour être plus précise, qui n'avait pas connu sa réussite mais qu'il s'employait à soutenir de son mieux.

Non, il n'avait jamais été marié. Engagé, oui, à deux reprises et il reconnaissait que c'était de sa faute si cela n'avait pas fonctionné dans les deux cas à cause de ses activités qui l'obligeaient à voyager beaucoup. Et moi ? Non, je n'avais rien à cacher. J'étais une enfant adoptée qui était devenue depuis une jeune adulte à la descente bien calibrée comme il avait pu le constater. Oui, bien sûr, que j'avais eu quelques prétendants et d'ailleurs il en connaissait un très bien.

Ma franchise le fit beaucoup rire et il m'avoua qu'il s'était rendu compte dès le départ que quelque chose clochait entre Timo et moi. Envoûtée par sa voix rauque, j'aurais pu l'écouter pendant des heures mais il se faisait très tard et bien que cela ne m'enchantais guère, je devais rentrer.

Oscar me proposa gentiment de me raccompagner, en éclairant le chemin boueux du bidonville avec la lampe de son téléphone portable. A un moment donné, je butai sur une pierre et serai sans doute tombée s'il ne m'avait pas rattrapée. Je me mis à rire comme une idiote. Il m'imita, sans doute pour ne pas me laisser paraitre niaise.

Oui, bien sûr qu'il comptait me revoir si son emploi du temps le lui permettait. Je ne sais pas si c'était à cause des vapeurs de l'alcool, mais je m'accrochai à son bras en exigeant qu'il m'embrasse. Il obéit, en mordant dans mes lèvres avec une telle délicatesse que j'aurais tout donné pour qu'il ne s'arrête jamais.

Quand il me plaqua contre un mur de planches, je ne cherchai même pas à repousser la main qui s'aventurait sous mes pagnes. Ses caresses se firent insistantes avec une pincée de brutalité qui m'obligea à serrer les dents pour ne pas réveiller le voisinage.

"Non, je ne pouvais tout de même pas... pas ici... pas de cette façon !"

Il paraitrait que le simple fait d'être privé de plaisir agissait comme un aimant chez les hommes. Etait-ce à cause de mon refus ? Toujours est-il, qu'il me proposa que l'on se revoie le lendemain, en oubliant du même coup son agenda rempli. Vu l'état second dans lequel je me trouvais sur le moment, il m'aurait été très difficile, voire impossible de lui répondre par la négative.

Ma mère qui avait attendu que je sois de retour pour enfin se décider à se mettre au lit ne me posa aucune question, se contentant de me dévisager en silence tout en esquissant un sourire énigmatique.

Je me sentis mal à l'aise rien qu'à imaginer qu'elle ait pu nous entendre et me dépêchai de me déshabiller puis de me glisser sous les draps en évitant son regard interrogateur.

***

— Attise donc le feu au lieu de rêver !

Tout dans son attitude me laissait deviner qu'elle était déçue et mécontente de ce qu'elle qualifiait "d'une amourette de passage" après qu'Oscar ait dû repartir précipitamment s'occuper de ses affaires.

Je n'étais pas en mesure de l'empêcher de penser ce qu'elle voulait de lui mais je continuais de croire que les imprévus arrivent dans la vie. De plus, Oscar avait toute ma confiance et je m'accrochais à son serment comme une morte de faim, certaine qu'il était celui que j'avais si longtemps espéré.

Nous venions de passer ensemble deux semaines inoubliables durant lesquelles il n'avait eu de cesse de se montrer aimant et généreux à mon égard malgré le courroux de sa peste de sœur toujours pas disposée à m'accepter et qui me décrivait comme une petite écervelée intéressée sans éducation.

A mon grand soulagement, Oscar avait balayé d'un revers de main tous ces racontars et même si nous étions d'accord tous les deux pour dire que cela allait un peu vite, il avait quand même tenu avant son départ à se rendre dans mon village natal avec ma mère pour s'entretenir avec les anciens qui avaient fixé le montant de ma dot dont il avait déjà versé la moitié. Bientôt, je serai madame Essèbè EKAMBI et je trouvais que cela sonnait plutôt bien.

— Le pistache va tourner !

Délaissant les bananes plantains que j'épluchai, je me mis à souffler sur les braises de toutes mes forces.

Oscar était parti depuis quatre mois et bien qu'il ne m'ait pas donné de date de retour, je trouvais que les journées passaient désormais trop lentement à mon goût. Bien sûr, il y avait ma mère et notre quotidien, mais je me rendais compte que ce n'était plus pareil sans lui.

"Pourquoi fais-tu ces yeux-là ?! Tu m'as encouragée à le fréquenter même si tu sembles douter à présent ! Je n'y peux rien de penser autant à lui... !"

Maman avait beau s'efforcer de ne rien montrer, je sentais bien que l'idée de me voir bientôt quitter la maison la terrifiait. Pour ma part, je ne culpabilisais pas de penser à mon bonheur futur même s'il n'était pour moi pas question de l'abandonner. Oscar et moi allions juste nous installer ailleurs. Et avec le temps, s'il était d'accord, elle viendrait nous rejoindre.

— Villageoise !

Sonia avait une façon bien à elle de me montrer son affection à chaque fois que nous étions amenées à nous croiser, mais peu désireuse d'envenimer les choses, je me contentai de la laisser faire.

J'attendis qu'elle eut regagné son domicile pour enfin m'autoriser à contempler les billets qu'elle venait de me fourrer dans la main.

Il y avait en tout trente mille francs CFA. Tous les mois, je recevais la même somme de la part d'Oscar depuis son départ bien que j'étais persuadée que sa sœur ne devait pas se gêner pour se servir au passage. Mais pour autant, je m'étais retenue d'évoquer ce sujet avec lui au téléphone, préférant entrevoir dans son geste une jalousie maladive sous-estimée.

***

— Essèbè, souris !

Et comment voulait-il que je souris alors que cet énorme objectif braqué sur moi m'intimidait ? Mais je savais aussi bien qu'il ne me lâcherait pas avant d'avoir obtenu ce qu'il désirait, donc je fis ce qu'il venait de me demander.

Oscar tenait à ce que ces photos soient parfaites car elles étaient destinées à mon passeport. Comble de l'ironie, je n'avais jamais possédé de carte d'identité et il avait dû user de toute sa persuasion face à l'officier du commissariat avant que celui-ci n'accepte de nous remettre une pré-demande. Des papiers officiels neufs, un voyage prochain en avion, de nouvelles chaussures, je l'avais attendu cinq mois, six jours et neuf heures et il n'avait fallu que d'une semaine depuis son retour pour que ma vie ne se transforme en un énorme tourbillon.

Une fois de plus, il avait eu raison et il était affolant de constater combien il me connaissait si bien, car sur mes photos, je respirais l'amour et la liberté et arborai la bague de fiançailles qu'il m'avait offerte après s'être acquitté du reste de ma dot auprès des anciens, même si pour les mauvaises langues de Boca-Boca cette union était vouée à l'échec à cause de nos différences.

Je soupçonnais sa sœur Sonia d'être à l'origine de toutes ces médisances qui me faisaient souffrir mais je ne comptais pas pour le moment lui demander des explications et m'efforçais surtout de suivre le rythme infernal de mon fiancé qui me modelait chaque jour un peu plus à son goût.

Il m'avait obligé ainsi à changer de coiffure à trois reprises et à revoir le contenu de la garde-robe que je comptais emporter. Certaines de ses remarques à ce sujet étaient parfois blessantes mais je faisais mine de ne pas les entendre, préférant lui donner raison à chaque fois.

— Celles-ci !

— 5000 !

Oscar me tendit mes nouvelles boucles d'oreilles en m'embrassant tendrement avant de les régler. C'était là une de ses facéties avec laquelle j'avais un peu de mal. Il achetait tout ce qui lui passait par la tête sans jamais négocier le prix comme si son compte en banque avait un crédit illimité. Mais j'entendais bien faire cesser cette mauvaise habitude à l'avenir car cet argent nous serait utile si nous devions fonder une famille. Ma mère par contre, s'accommodait plutôt bien de ce défaut qui lui avait permis d'obtenir de nombreux cadeaux et une somme rondelette qui semblait depuis avoir apaisée son inquiétude quant à l'imminence de mon départ.

— Il me faut un costume neuf !

Je pénétrai à sa suite dans l'atelier du tailleur dont il venait de pousser la porte, en bénissant la chance que j'avais de l'avoir rencontré.

— Je veux quelque chose d'unique !

Oui, unique comme il l'était à mes yeux. Tandis qu'il déambulait entre les étagères de tissus, en choisissant un, faisant la moue, le reposant, en choisissant un autre, je m'assis dans un coin à l'attendre sagement. Au soupir qu'il poussa, je devinai qu'il avait enfin trouvé quelque chose qui lui convenait.

Le tailleur écouta avec attention ses directives avant de prendre ses mesures, mais lui semblait déjà ailleurs. “Et dire qu’avec un physique pareil et son argent, il n’avait que l’embarras du choix. Et pourtant, c’est sur moi qu’il avait jeté son dévolu ! Etait-il bien réel ?!” Oscar dut se rendre compte de quelque chose car il tourna soudain la tête et me sourit comme pour mieux me rassurer.

Je me sentais lasse après cette nouvelle journée à courir les magasins, mais pour rien au monde je ne souhaitais laisser paraître quoi que ce soit qui puisse apporter de l’eau au moulin des commères de Boca-Boca réunies sous la véranda de l’une d’entre elles et qui nous observaient dévorées par la curiosité, l’envie et la jalousie. Bien que nous leur tournions le dos, je pouvais entendre leurs chuchotements dès qu’Oscar m’enlaçait pour me voler un baiser. Elles pouvaient penser de moi tout ce qu’elles voulaient, je n’avais plus aucun doute sur notre histoire d’amour et désormais, je n’appartenais plus qu’à lui. Je me ferai bientôt appeler Mme EKAMBI et elles devraient apprendre à s’y faire, même si elles n’avaient jamais rêvé de pareil dessein pour moi.

***

Depuis notre rencontre, c’était bien la première fois qu’Oscar n’avait pas su exaucer l’un de mes vœux et cela aurait été mentir que de dire que je n’étais pas déçue par ce qu’il venait de m’apprendre, même si au final, ce voyage que nous allions faire par la route pour des raisons de sécurité car il n’avait aucune confiance dans les avions qui reliaient le Cameroun à son pays de résidence, serait pour moi une nouvelle découverte.

Au lieu de deux heures, nous allions ainsi mettre presque trois jours pour atteindre N'Djamena et cela m'inquiétait un peu car je n'avais jamais auparavant eu à faire un périple aussi long. Mais il était bien trop tard pour y songer, alors que nos bagages et des sacs de provisions étaient en train d'être chargés à l'arrière du 4x4 loué par Oscar pour l'occasion.

Toutes ces personnes agglutinées autour de nous à admirer ma tenue en wax cousue pour l'occasion, mon nouveau sac à main cadeau de maman et notre véhicule au moteur vrombissant, m'indisposaient.

Incapable de soutenir le regard peiné de ma mère qui venait de me supplier de lui donner des nouvelles dès que nous serions à destination, je secouais la tête en me souvenant qu'à chaque fois où je m'étais imaginée ce moment fatidique, je m'étais toujours dit que je saurais me montrer courageuse. Mais à présent, je me rendais compte que cela me serait impossible tant nos au-revoir interminables étaient un déchirement.

"Pardonne-moi de t'abandonner maman ! Sèche tes larmes ! Comment t'oublier ?! Tu es tout pour moi !"

— Essèbè !

Je n'arrivai pas à me résoudre à lâcher ses mains car nous avions encore tellement de choses à nous dire. Si seulement, il n'y avait pas eu tous ces curieux…

Oscar ne semblait pas réaliser ce que me coûtait cette séparation, mais comment lui en vouloir alors qu'il était tout simplement heureux de notre nouvelle vie à venir. Bien que ce soit aussi mon cas, je ne pouvais me résoudre à contempler les larmes de ma mère sans éprouver de remords car elle m'avait offert un foyer et avait toujours su prendre soin de moi.

— Fais bon voyage !

Sonia se trompait si elle croyait que parce que nous étions devenues belles-sœurs, j'allais tirer un trait sur tout ce qu'elle m'avait fait endurer. Mon heure était venue. Désormais, qu'elle le veuille ou non, je veillerai à ce qu'elle en bave pour obtenir quoi que ce soit de son frère.

"Oui, tu peux sourire autant que tu veux ! C'est bien de toi que je parle !"

Oscar qui continuait de s'impatienter m'intima de monter. J'obéis après avoir embrassé une dernière fois ma mère sans savoir quand je la reverrai. Le 4x4 quitta les abords du bidonville dans un nuage de poussière, poursuivi par une nuée de gamins qui m'adressaient leurs derniers au-revoir.

***

Cela faisait bientôt six heures que nous roulions et la province du Littoral était à présent très loin derrière nous.

Notre première halte, non planifiée, avait eu lieu alors que nous sortions des derniers faubourgs de Yaoundé la capitale administrative. Deux gendarmes à moto que dissimulait un poste avancé en piteux état avaient soudain surgi devant notre véhicule obligeant le chauffeur à faire une embardée qui aurait bien pu se terminer dans le ravin tout proche.

Mes cris de panique semblaient n'avoir guère eu de consistance face à leur détermination.

Alors qu'ils mettaient pied à terre, je savais déjà ce qu'ils nous voulaient, surtout qu'un seul coup d'œil à Oscar leur avait suffi pour deviner qu'il n'était pas d'ici.

L'argent, le nerf de la guerre. Après une demi-heure de négociations, ils finirent par nous laisser repartir sans jamais n'avoir examiné les documents en règle du 4X4.

Je ne sais de combien notre chauffeur fut délesté, mais vu sa mine quand il redémarra, je compris que les vautours ne lui avaient fait aucun cadeau.

Notre prochaine destination était Bertoua, une des villes les plus peuplées du Grand Sud-ouest où il était prévu que nous passions une journée entière avant de poursuivre notre voyage vers le Nord.

J'avais fini par m'assoupir malgré les nombreux nids de poule de nos routes de l'époque coloniale, mon sac à main serré tout contre moi, tandis qu'Oscar qui a un moment donné du trajet s'était installé aux côtés du chauffeur à l'avant, gardait un œil vigilant sur la route et le second sur son smartphone qui ne le quittait jamais.

Il avait beau m'affirmé le contraire, je me doutais qu'il était pressé de rentrer pour reprendre le cours de ses affaires florissantes comme il aimait à me le répéter sans cesse. Même si le fait de nous savoir à l'abri du besoin me réjouissait, je n'en oubliais pas pour autant de le questionner à propos de ce nouveau chez moi qui m'attendait et dont il m'avait dit très peu de choses si ce n'est que c'était une très belle demeure cernée de palmiers. Cette brève description me suffisait sur le moment mais je comptais bien endosser mon rôle de maîtresse de maison dès notre arrivée, en espérant qu'elle soit assez grande pour plusieurs enfants.

***

Un coup de frein brutal me réveilla en sursaut.

Il faisait à présent nuit et la route en sens unique bordée de végétation éclairée par nos phares, n'avait rien de rassurant.

Oscar me sourit, rajusta le châle qu'il avait étendu sur moi durant mon sommeil puis descendit rejoindre notre compagnon de voyage qui avait déjà la tête sous le capot d'où s'échappaient des volutes de fumée.

Des cris d'animaux montèrent soudain de la nuit, me donnant la chair de poule et comme pour ne rien arranger, je crus distinguer des ombres tapies dans les broussailles qui semblaient m'observer avant de fuir en ricanant.

Les histoires sur les mauvais esprits que ma mère me racontait quand j'étais enfant me revinrent alors en mémoire. Frissonnant, je me fis toute petite sur mon siège et retins ma respiration avant de toquer avec frénésie à la vitre après avoir entendu un craquement de branche.

Oscar, en grande discussion avec notre chauffeur, ne se rendit compte de rien tandis que je continuais de toquer de plus belle. Je fus tentée de hurler son nom mais ne le fit pas de peur de passer pour une idiote.

Les bruits de pas s'estompèrent. Pour autant, ma peur toujours bien présente, m'obligeait à regarder de tous les côtés en me demandant quelle heure il pouvait bien être.

Un des voyants lumineux du tableau de bord me renseigna. 23h46.

Visage plaqué contre la vitre, je récitai une prière quand des coups de klaxon vinrent la troubler, ce qui me laissa penser que nous allions bientôt être tirés d'affaire, mais l'autobus poussiéreux nous dépassa en trombe et poursuivit son chemin.

Je le maudis tout bas ainsi que ses passagers avant de me renfoncer dans mon siège, en me demandant pourquoi cela prenait autant de temps et si nous allions pouvoir repartir. Et comme pour ne rien arranger, le ciel tonna tout à coup me faisant tressaillir.

Les anciens nous disaient que la pluie était souvent annonciatrice de nombreux heureux présages pour des jeunes mariés, mais à en croire les grosses gouttes qui rebondissaient sur la carrosserie, j'aurais plutôt parlé de malédiction.

— Oscar ?!

— Nous n'avons pas fini !

— Viens, s'il te plaît !

Je savais qu'en agissant ainsi, je me comportais en véritable égoïste, mais je me sentais plus rassurée par sa présence à mes côtés même si cela impliquait de devoir laisser notre chauffeur se débrouiller tout seul avec la panne.

La pluie qui tombait était si intense, que nous eûmes bientôt du mal à distinguer sa silhouette à travers le pare-brise…

***

Après une réparation de fortune effectuée sur le radiateur endommagé du moteur qui avait nécessité plusieurs heures, nous avions enfin repris notre route et vers 9 heures du matin, nous aperçûmes enfin les premières maisons de Bertoua qui ne ressemblait pas du tout à ce que je m'étais imaginée.

J'avais froid, très froid et aurais tout donné pour un lit et une couverture, mais encore fallait-il pour cela que nous trouvions un hôtel ou une auberge digne de ce nom et qui réponde à toutes les exigences d'Oscar. Je l'aimais certes, mais pour la toute première fois, je me rebellai et cela le surpris.

Au rond-point du centre-ville, notre chauffeur dut se frayer un passage à coups de klaxons rageurs à travers les vendeurs ambulants qui occupaient les deux côtés de la chaussée.

Je me demandai où il trouvait la force de rester aussi concentré après la nuit que nous venions de passer, quand il quitta la route principale pour s'engager sur un chemin de terre remuant qu'il paraissait bien connaître. Peu de temps après, nous débouchâmes en plein cœur d'un quartier populaire très animé qui me rappelait un peu mon bidonville, si ce n'est qu'ici, les habitations étaient toutes construites en dur.

— Viens !

La chambre était assez petite, son mobilier banal, mais les draps du lit impeccables. Réfrénant mon envie de m'y étendre aussitôt, je me dirigeai vers la salle de bains mal éclairée. L'eau froide sur mon corps me fit le plus grand bien malgré que j'estimai que pour le prix payé l'aubergiste aurait pu faire l'effort de nous fournir un peu d'eau chaude.

Oui, voilà que je devenais soudain exigeante à mon tour, mais quelle femme ne l'aurait pas été pour ce qui s'apparentait à une lune de miel déguisée.

***

Nous avions passé une bonne partie de la journée à faire l'amour, Oscar me semblant plus que désireux de rattraper le temps perdu. Me donnant une tape sur les fesses, il sauta soudain du lit et attrapa ses vêtements.

— Tu sors ?

— J'ai quelque chose à faire !

Je ne saurais trop dire si je me trompais, mais j'avais comme l'impression que quelque chose le tourmentait. Sans doute était-ce le retard que prenait notre voyage, car avant de quitter Boca-Boca, il n'avait eu de cesse de me répéter avoir laissé des négociations en suspens au Tchad qu'il devrait mener à bien au plus tôt.

Mais quelles que soient ces affaires, j'espérais bien parvenir à le convaincre de m'y associer car j'étais à présent sa femme et je m'y connaissais tout de même un peu en commerce, même si cela l'avait beaucoup fait rire la première fois que je lui en avais parlé.

Je ne l'entendis rentrer que lorsqu'il me rejoignit sous la douche où je venais de passer de nouveau. Alors qu'il encerclait ma taille de ses bras, je m'aperçus que son visage était plus apaisé qu'au moment où il était sorti.

— Nous partons !

Sur le moment, je crus à une mauvaise blague de sa part, mais à la façon dont il me tendit ma serviette, je compris qu'il n'en était rien.

— Pourquoi maintenant ?!

— Arrête de poser des questions !

Je n'appréciais pas cette façon qu'il avait parfois de passer du tout au tout, pour autant je lui obéis et dix minutes plus tard, nous étions sur le point de quitter l'auberge, pas reposés du tout.

Le chauffeur du 4x4 qui était déjà installé derrière son volant, descendit prendre mon sac de voyage qu'il jeta dans le coffre. Oscar, lui demanda de démarrer puis me fit signe de la tête de monter, avant de s'éloigner, accroché à son téléphone. Voilà qu'il avait de nouveau complètement changé d'attitude et cela commençait à me déstabiliser à un tel point où j'en venais à douter de cette union précipitée.

Cela faisait plus d'un quart d'heure que le moteur tournait au ralenti tandis qu'à quelques pas de là, Oscar continuait sa conversation téléphonique, visage fermé. Je ne pouvais deviner la teneur de ses échanges, mais ce dont j'étais certaine, c'est que quelque chose le contrariait énormément même si je ne savais pas trop comment m'y prendre pour le convaincre de s'ouvrir un peu à moi. Mais le voudrait-il seulement ? Enfin, il avait fini.

***

Nous venions de rouler vingt-quatre heures non-stop et après avoir traversé à vive allure les villes de N'Gaoundéré, Garoua puis Maroua où nous nous étions vus obligés à faire une brève halte, nous nous trouvions enfin aux portes de Kousséri, ville frontalière du Tchad et malgré que nous avions beau avoir pris le soin de colmater les vitres du 4x4 avec des morceaux de pagne, l'habitacle et nos visages étaient recouverts d'une épaisse couche de poussière rougeâtre typique de ces routes du Nord qui rendait l'air quasi irrespirable et qui n'arrêtait pas de nous faire tousser, m'obligeant à souhaiter que notre voyage ne se termine le plus vite possible.

Le 4x4 quitta la route principale et s'engagea dans une artère secondaire illuminée par des lampadaires qui détonaient avec le paysage que nous avions jusque-là traversé.

— Demain, nous serons chez nous !

C'était les tous premiers mots qu'il prononçait depuis notre départ de Maroua et j'avoue que la rupture de ce silence pesant qui n'avait fait que me plonger un peu plus dans un abîme de questionnements et de remise en cause n'était pas pour me déplaire.

Je lui souris timidement. Il fit de même, avant de m'enlacer et de m'embrasser avec passion tout en me désignant les villas aux devantures plus imposantes les unes que les autres, qui étaient séparées par des allées bordées de palmiers.

Je n'aurais jamais cru possible de tomber sur un quartier résidentiel si chic dans une ville aussi reculée du pays. Et pourtant…

A peine notre véhicule s'était-il immobilisé, que je cherchai à descendre avant d'y renoncer, ne ressentant plus aucune sensation dans mes jambes et tout le reste de mon corps meurtri par les impacts du trajet me faisant atrocement souffrir.

— Ça va ?

— Oui…

Bien qu'il ne soit pas loin de vingt-deux heures, l'air qui était encore chaud et moite, me fit tout de même du bien, alors que mes vertiges me reprenaient.

Cela faisait une semaine qu'ils apparaissaient puis se volatilisaient à leur gré et même si je ne les jugeais pas très inquiétants, je n'avais rien dit à Oscar afin de ne pas lui donner de faux espoirs. Etait-ce la véritable raison ? Je n'en étais moi-même pas si sûre.

La carrosserie à laquelle je venais de m'adosser par mégarde, m'arracha un cri de douleur dont Oscar, de nouveau pendu à son téléphone, ne parut même pas se soucier. Cela me blessait de me sentir ainsi négligée mais je m'obligeai à faire bonne figure et à rire aux éclats des œillades appuyées qu'il n'arrêtait pas de me lancer. Sa conversation terminée, il rangea son téléphone puis empoigna nos bagages sans un regard pour notre compagnon vaincu par la chaleur, affalé sur son volant.

— Et lui ?

— Nos routes se séparent ici !

J'étais troublée par la façon dont il venait de le congédier, même si je ne doutais pas que celui-ci avait dû percevoir une coquette somme pour nous avoir conduits jusqu'ici.

— Merci !

— Tu viens ?!

Le couple qui nous offrait l'hospitalité, avait mis à notre disposition la plus vaste chambre de leur maison qui possédait la climatisation et une salle de bains avec de l'eau chaude. Cette fois-ci, malgré mes vêtements poussiéreux, je ne sus résister à l'appel du grand lit qui trônait au milieu de la pièce. Je ne savais rien de ces gens, mais à voir les matériaux avec lesquels était bâtie leur villa, je devinai qu'ils étaient à l'abri du besoin.

Oscar, douché et changé, m'avait demandé de me reposer avant de filer les rejoindre. Du salon où ils se trouvaient tous les trois, me parvenaient des bribes de conversation ainsi que des éclats de rire qui dénotaient d'une certaine complicité dont j'étais jalouse.

Je lui en voulais un peu de ne m'avoir rien dit à leur sujet avant notre arrivée chez eux et n'arrivais pas à déterminer s'il était juste cachottier de nature ou s'il entendait ainsi décider à chaque fois de tout pour nous deux. Cette dernière possibilité me mit mal à l'aise et je me résolus à en discuter avec lui dès que possible.

Je n'avais jamais mangé un repas aussi bon de toute ma vie, même si je dois avouer que j'avais eu un peu de mal au début avec la viande séchée qui avait un goût bizarre de mélange d'épices et de caoutchouc calciné.

Notre hôtesse, même si elle était beaucoup plus jeune qu'elle, était aux petits soins pour moi comme ma mère l'avait toujours été. Moi qui avais toujours cru que nos compatriotes du Nord étaient tous semblables à des Toupouri, en était quitte à revoir mes jugements hâtifs car la femme assise à mes côtés avait un sublime teint de peau pour lequel toutes nos sœurs adeptes des crèmes décapantes auraient donné mère et père.

Elle avait cinquante-six ans, mais son maquillage, sa mise impeccable et sa façon de se tenir me fascinaient et me laissaient penser que l'on pouvait rester belle à tout âge de la vie si l'on en avait l'envie et surtout les moyens et bien que je tombais de fatigue, je me refusais à la quitter pour ne pas perdre une seule miette sur sa vie à Kousséri.

— Tu as besoin de repos ! Ton état le demande !

"Et dire qu'il lui avait suffi d'un seul coup d'œil alors que j'étais moi-même encore dans le doute. C'est sûr qu'après avoir eu soi-même trois enfants..."

A un moment donné, elle s'arrêta de parler puis me sourit avant de m'aider à me lever comme si j'étais subitement devenue une chose incapable de faire quoi que ce soit. Mais pourquoi n'était-ce pas Oscar ?!

Une fois encore, cela m'agaça de le sentir ailleurs et si distant, uniquement préoccupé par la batterie de son smartphone. J'aurais tellement voulu l'arracher de la prise où il était en charge et le projeter contre un mur où il se serait brisé en mille morceaux pour qu'il me revienne enfin.

Oui, j'aurais bien aimé, quitte à devoir invoquer mes hormones qui expliqueraient cette hystérie passagère, mais je n'en fis rien, me contentant de sourire avec une pointe d'amertume à mon hôtesse qui me raccompagna jusqu'à ma chambre en continuant de me raconter son quotidien qui serait bientôt chamboulé par l'arrivée de leur premier petit-enfant qu'ils avaient tant espéré et dont ils avaient déjà choisi le prénom même si cela ne plaisait pas trop à leur bru.

J'avais du mal à dissimuler combien je l'enviais, car à mes yeux, son époux et elle formaient un couple d'un modèle assez rare en Afrique. Cela la fit beaucoup rire quand je trouvai enfin le courage de le lui avouer, mais malgré cette bonne entente, je ressentais comme de la gêne chez elle qui me laissait supposer qu'Oscar s'était peut-être invité sans les prévenir.

J'allais devoir attendre afin de savoir ce qu'il en était réellement car elle venait de se retirer après m'avoir souhaité bonne nuit. Ces draps sentaient si bon…

***

A tâtons, une de mes mains chercha à déceler une présence dans le creux du lit sans la rencontrer. Oscar que je n'avais pas entendu me rejoindre durant la nuit, s'était déjà réveillé et était sorti, me laissant une fois de plus seule avec mon appréhension grandissante.

La femme occupée à balayer la véranda ombragée, leva les yeux, m'observa en silence et me gratifia d'un petit mouvement de tête avant de poursuivre sa tâche alors que je n'arrivais pas à détacher mon regard des horribles cicatrices qui ornaient son visage ainsi qu'une partie de ses bras et que j'avais déjà remarquées la veille quand elle nous avait apporté à manger.

Je mourrai d'envie de lui demander ce qui avait bien pu lui arriver, mais par crainte de sa réaction je n'osai pas et me contentai de rester là les bras ballants tandis qu'elle allait et venait, son balai de fibres de bambou à la main. Et dire que son quotidien aurait peut-être pu être le mien si mes parents ne m'avaient pas adoptée. Je la plaignais car sa vie ne devait pas être de tout repos tous les jours et j'aurais eu beaucoup de mal à sa place à servir une parente qui devait lui avoir fait miroiter tant de choses en l'accueillant sous son toit. Cruel destin de plus d'une jeune fille sur deux dans le pays, cet esclavage moderne avait encore de beaux jours devant lui, car pour y mettre fin, encore fallait-il que les mentalités daignent évoluer.

Nous devions avoir à peu près le même âge, mais elle en paraissait le double tant elle était décharnée et marquée par les cents vies sans doute déjà vécues.

— Je m'appelle Essèbè ! Et toi ?

Elle s'arrêta de travailler et son regard rempli d'une froideur inexplicable se posa de nouveau sur moi. Pour une raison qui m'échappait, je compris que je venais de la contrarier et préférai en rester là, même si j'aurai apprécié discuter un peu avec elle afin d'étouffer cette détestation qu'elle semblait avoir pour moi. Peut-être, aurai-je fini par avoir cette chance si sa parente ne l'avait pas appelé à ce moment, ce qui l'obligea à lâcher aussitôt son balai et à rajuster ses pagnes.

Alors qu'elle allait me dépasser, elle m'attrapa avec force par le bras.

— Tu ne seras pas heureuse avec lui !

Me lâchant, elle se précipita à l'intérieur de la villa, ses babouches à la main. Mon premier réflexe fut de la suivre pour obtenir des explications mais j'y renonçai alors que mon hôtesse s'avançait tout sourire vers moi.

— Bonjour ! Bien dormi ?

Je ne savais pas trop si je devais lui raconter ce qui venait de se passer ou régler cela moi-même. Toujours est-il, que je n'avais pas vraiment la tête à l'écouter, sauf si elle avait des confidences à me faire sur Oscar.

— Lui et mon époux sont sortis à l'aube !

— Où sont-ils allés ?

— Je ne sais pas ! Une affaire urgente... !

"Une affaire urgente qui me laissait encore à l'écart. Et elle qui continuait de me sourire comme si de rien n'était alors que son visage trahissait qu'elle en savait plus que ce qu'elle affirmait..."

— Mange, ça va être froid !

J'obéis pour ne pas me montrer impolie, même si le verre de lait caillé et le plat de beignets gras que sa parente venait de déposer devant moi me donnaient surtout la nausée.

— Oscar nous a annoncé que c'est un garçon ?!

Je manquai m'étouffer avec ma bouchée que je dus recracher.

— C'est bien un garçon ?!

— Oui... enfin, je n'en sais rien !

— J'espère que le mariage est pour bientôt comme il le dit !

Tant de choses se bousculaient dans ma tête que j'avais comme l'impression que celle-ci allait finir par exploser si je n'obtenais pas sur le champ des réponses à mes interrogations. Mais il n'était pas là. Une fois de plus.

— Quand Oscar vous a parlé de mariage ?
— Hier, pourquoi ?
— Nous sommes déjà mariés !

Cette annonce ne sembla même pas la surprendre. Avant de se lever, elle eut un petit mouvement d'épaule que je pris pour un discret accès de joie puis elle rentra après m'avoir tapoté affectueusement la joue.

Interdite, je restai assise à contempler les restes du petit déjeuner et soudain je ne me sentis plus à mon aise même si nos hôtes étaient charmants.

Lorsqu'Oscar revint, il me trouva assise sur le lit, nos bagages à mes pieds, mais à ma grande surprise, il ne pipa mot et se dirigea vers la salle de bains pour y récupérer ses effets de toilette. Ce calme olympien, eut le don de me faire sortir hors de moi.
— Depuis quand sais-tu que je suis enceinte ?!
— Pas maintenant !

Il se pencha pour m'embrasser, étouffant mes vaines protestations. "Mon dieu, que m'avait-il fait pour que je sois ainsi à sa merci et incapable de lui tenir réellement tête ?"
— Tes amis sont au courant alors que nous…

Haussant les épaules, Oscar m'interrompit en posant un doigt sur mes lèvres puis me demanda de lui sortir une chemise propre avant de regagner la salle de bains avec son téléphone.

Je me retins pour ne pas venir tambouriner à la porte en me promettant que nous aurions cette discussion à un moment donné qu'il le veuille ou non.

Je lui avais demandé à partir sur le champ et il n'y avait fait aucune objection comme si cela l'arrangeait et à voir le peu d'ardeur mis par nos hôtes pour nous retenir, je réalisai que nous n'étions pas tant que ça les bienvenus chez eux et cela me déçu, surtout venant de la part de la maîtresse de maison en qui je voyais un exemple à suivre.

Un nouveau 4x4 aux vitres teintées mis à notre disposition par notre hôte qui regardait sans cesse sa montre, nous attendait devant le portail de la villa. Nos adieux furent vite expédiés car il avait un rendez-vous important et ne pouvait s'attarder plus longtemps.

Quant à son épouse qui se tenait en retrait, elle n'eut pas un mot pour nous et c'est à peine si elle me sourit quand j'agitai la main dans sa direction. Peut-être, pensait-elle être la cause de notre départ précipité. Je ne le saurai sans doute jamais mais je commençais à me poser tout de même des questions sur la nature de la relation qu'ils entretenaient avec mon mari.

Le 4x4 démarra. Nous étions de nouveau sur les routes, même si nous n'avions qu'une cinquantaine de kilomètres à faire avant d'atteindre le premier poste-frontière qui nous séparait du Tchad.

— Tu le sais depuis quand ?!

— Depuis que je t'ai mise enceinte !

Je reçu cette réponse comme une gifle. Il en parlait comme s'il suffisait d'appuyer sur un bouton, comme si tout cela avait été prémédité.

— De quoi te plains-tu au juste ? Tu ne voulais pas d'un homme qui te rende heureuse ?!

C'est vrai qu'il n'avait pas tort sur ce point, mais ce n'était pas une raison pour se montrer aussi méchant. A découvrir sans crier gare cette facette effrayante de son caractère, je ne fus tout à coup plus sûre de rien, ni de savoir qui il était vraiment. "Oscar, regarde-moi ! Je t'en prie, regarde-moi !"

Le visage fermé, lui continuait de scruter la route qui s'ouvrait devant nous, en consultant de temps à autre son téléphone.

***

Le grumier qui nous précédait ralentit soudain imité par notre chauffeur, tandis qu'une myriade de sifflets se faisait entendre au loin.

Absorbée dans la contemplation des pirogues qui voguaient sur le fleuve Logone et Chari, je ne m'étais même pas rendue compte que depuis un petit moment déjà, nous nous trouvions engagés sur le pont colonial qui le surplombait.

— Donne-moi ton passeport !

— Pourquoi me parles-tu ainsi ?!

Nous nous dirigions vers une vie de couple que je commençai amèrement à regretter car je n'aimais pas sa façon de me donner des ordres ni celle de me cacher des choses aussi futiles soient-elles et je ne comptais pas le lui remettre s'il ne me présentait pas des excuses pour son comportement grossier de tout à l'heure.

Mais ma détermination fut vaine, car il m'arracha carrément mon sac des mains et se mit à fouiller à l'intérieur avec un regard des plus étranges que je ne lui connaissais pas.

Il finit par trouver mon passeport et le posa avec le sien sur ses genoux, tandis qu'encore sous le choc de sa brutalité, je l'épiai en silence, attendant qu'il se décide à me donner enfin les explications que tout mon être réclamait. En vain, car il continua de s'intéresser à son téléphone comme si rien ne s'était passé.

— Qui es-tu ?

— Quoi ?! Comment ça ?

— Qui es-tu vraiment ?!

Pour une fois, il ne trouva rien à me répondre et je le senti vaciller alors qu'il se dépêchait de se détourner de moi. Je compris que je venais sans doute de toucher là un point sensible et mon premier réflexe fut d'attraper mon portable dans mon sac à main. Je devais à tout prix parler à ma mère. Elle seule saurait me dire quoi faire.

***

Cela faisait un moment que notre véhicule devant lequel un des gendarmes montait la garde, se trouvait immobilisé sur le bas-côté, en attendant que celui qui s'était dirigé vers la guérite qui leur servait de poste de contrôle de l'émigration, revienne avec nos titres de voyage. Bien que je commençai à trouver le temps long, je n'osai rien dire de peur de m'attirer les foudres de sa seigneurie, qui j'en étais à présent certaine, me cachait quelque chose de bien plus grave que tout ce que j'avais pu imaginer jusque-là, vu la façon qu'il avait de serrer son téléphone dans ses mains tout en respirant bruyamment.

— Oscar… ?

— Pas maintenant !

J'hésitai un peu puis je me décidai à lui lancer :

— Je… je veux retourner à Boca-Boca !

— Tu plaisantes ?!

— Non ! Nous deux, ça ne marchera pas !

Voilà, je venais de prononcer les mots fatidiques que je redoutais tant et même si cela me blessait sans doute encore plus que lui, c'était sans doute mieux ainsi car il y avait quelque chose dans les différentes facettes de son caractère qui me terrorisait.

Bien sûr, j'étais consciente qu'en agissant aussi de la sorte, j'allais devenir la risée de tout le bidonville et que nous allions devoir restituer la dot qu'il avait versé aux anciens, mais cela m'était désormais égal.

Le vibreur de son téléphone brisa soudain le silence pesant qui s'était installé dans l'habitacle. Alors qu'il décrochait, j'en profitai pour mettre le plus de distance possible entre nous en espérant de tout mon cœur qu'il finisse par accepter la décision que j'avais prise sans faire trop d'histoires.

— Nous sommes coincés à la frontière ! Allô ? Allô ?!

— C'était qui ?

— Personne !

Il me mentait. Bizarrement, cela ne me surpris pas plus que cela, comme si le fait d'avoir réalisé quc nous n'étions que des étrangers l'un pour l'autre, avait brisé le sortilège avec lequel il m'avait envoûté, même si une partie de moi continuait à l'aimer avec force tandis que l'autre le détestait encore plus.

Le gendarme qui détenait nos passeports était de retour, mais à sa façon de nous dévisager, je compris que quelque chose n'allait pas. Sans nous quitter des yeux, il dégaina son arme et la pointa sur nous, imité par son collègue qui ne semblait avoir que faire de mes cris de terreur. Submergée par l'angoisse, je sentis mes doigts effleurer le loquet de la portière tandis que notre chauffeur impassible, gardait ses mains sur le volant.

— Descendez !

Observant Oscar à la dérobée, je me rendis compte qu'il était en sueur et qu'il avait perdu son assurance hautaine qui jusqu'à peu encore me subjuguait.

Un coup de crosse fit voler le pare-brise en éclats, me poussant à faire une dernière prière.

— Ne m'obligez pas à tirer ! Descendez !

— Oscar ?!

— Fais ce qu'ils demandent !

Et déverrouillant ma portière, il me poussa dehors.

Le gendarme qui venait de m'empêcher de tomber, contempla dégoûté le liquide qui commençait à couler le long de mes jambes, avant de me désigner d'un mouvement de tête le talus situé à l'arrière de leur guérite. Accroupie dans les broussailles, je pouvais entendre leurs vociférations qui avaient repris de plus belle et la voix d'Oscar qui tentait de parlementer.

Un coup de feu résonna soudain et je crus bien que mon cœur allait s'arrêter de battre alors que la voix d'Oscar s'était tue. Je me dépêchai de me rajuster puis de sortir de là en tremblant pour me retrouver face à lui, à genoux à côté de la guérite, les mains menottées dans le dos, les traits de son visage déformés par la colère et tenu en respect par l'un des gendarmes. Même s'il était bien vivant, je n'eus pas le droit de lui adresser la parole ni d'échanger un seul regard avec lui.

Mon sac à main me fut restitué mais ce ne fut pas le cas de mon téléphone et de mon porte-monnaie qui contenait tout ce que j'avais pu mettre de côté à Boca-Boca.

Un autre des gendarmes vint me désigner un coin à l'écart avant de se mettre à interroger notre chauffeur. Leur échange fut très bref. Quelques billets changèrent de main et il fut invité à regagner son véhicule. Estomaquée, je le regardai manœuvrer guidé par ses nouveaux amis puis repartir très vite en sens inverse vers le Cameroun.

— Vous !

— Oscar ?!

Concentré sur son propre sort, il ne semblait même plus m'entendre.

— Ne lui parlez pas ! Montez !

J'eus un mouvement de recul en découvrant l'arrière boueux du pick-up que les gendarmes venaient de me présenter. Si seulement ils étaient disposés à m'écouter et à me croire lorsque j'affirmai que je n'avais rien à voir avec ce qu'Oscar avait bien pu faire et que j'étais moi-aussi une de ses victimes. Mais mes pleurs et mes supplications les laissèrent indifférents.

— Montez !

— Oscar ?!

— Obéis-leur et tout ira bien !

Jamais je ne pourrai oublier ses cris de douleur alors que des coups de crosse s'abattaient à la volée sur son dos comme les battements en sourdine d'un musicien sur la peau tannée de son djembé. Un énième coup, porté cette fois à sa nuque, le vit s'écrouler dans son sang sous le soleil brûlant.

Je me serai sans doute évanouie si deux gendarmes ne m'avaient pas soutenue avant de me jeter avec rudesse à l'arrière du pick-up.

***

Cela faisait deux jours que j'étais retenue dans une des geôles de la garnison du poste-frontière, au motif d'avoir tenté d'entrer de façon illégale sur le territoire tchadien avec un escroc recherché dans tous les pays limitrophes.

J'avais eu du mal au début à croire tout ce que les gendarmes m'avaient appris au sujet d'Oscar, mais les preuves de ses méfaits qu'ils accumulaient contre lui depuis des années étaient si parlantes que j'avais dû me résoudre à accepter la vérité et je croupissais à présent dans une cellule à attendre qu'ils aient tranché sur mon cas.

Je venais de demander à pouvoir passer un coup de fil qui m'avait été refusé de même qu'une éventuelle assistance consulaire et allongée à même le sol humide, je ne comprenais toujours pas ce qui m'arrivait, car à mes yeux je ne m'étais rendue coupable de rien, si ce n'était d'avoir suivi un homme jusque-ici par amour.

— Debout !

Les coups de matraque étaient ma plus grande hantise, car je craignais qu'ils ne puissent atteindre l'enfant que je portais. Aussi, j'obéis promptement, les yeux remplis de crainte.

Tout en ouvrant la porte de ma cellule, mon geôlier m'appris que j'étais autorisée à sortir faire un brin de toilette dans l'arrière-cour de la garnison. J'avais cinq minutes et pas une de plus.

Un gamin des rues qui passait ses journées à briquer les véhicules de tout le contingent m'avait gentiment apporté un seau d'eau assez trouble. Du haut de ses huit ans, il me semblait déjà bien débrouillard, même si sa culotte en haillons et les cicatrices qui recouvraient ses jambes, laissaient deviner le vécu d'une enfance assez compliquée.

Ce bref instant de répit me fit beaucoup de bien et je regagnai ma cellule encore plus combattive que je ne l'avais quittée.

— Asseyez-vous !

C'était au moins la dixième fois que ce gradé au faciès de bouledogue m'interrogeait et bien qu'il n'ait jusque-là pas fait preuve de violence à mon égard, je pouvais lire dans ses yeux que c'était plus une question de timing qu'autre chose.

— Qu'est-ce que vous veniez faire au Tchad ?

Il m'avait déjà posé cette question au moins cent fois et avait toujours obtenu la même réponse de ma part. Une vérité qui paraissait loin de le satisfaire pendant que ses doigts monstrueux s'amusaient à passer le temps en déchiquetant un morceau de carton.

J'aurais aimé lui dire que je ne saurai me montrer inventive juste pour lui faire plaisir, mais je n'allais pas m'y risquer, à moins de vouloir qu'il ne me mette en pièces.

Se levant, il dégrafa son ceinturon qu'il déposa sur la table avant de se rapprocher de moi en faisant craquer les phalanges de ses mains. La première gifle manqua m'arracher une dent tandis que la deuxième m'envoya au sol. La bouche en sang et la vue troublée par les larmes, je trouvai la force de lui murmurer :

—S'il vous plaît…je suis enceinte !

Cela ne sembla pas l'émouvoir car il se contenta de me désigner la chaise de laquelle je venais de tomber puis de me tendre la main pour m'aider à me relever.

Je me rassis en tenant mon ventre à deux mains ce qui le fit grimacer ou sourire, je ne m'en souviens plus trop. Je me rappelle d'avoir retenu ma respiration alors qu'il se penchait une nouvelle fois sur moi, ses narines frémissantes ne laissant rien présager de bon, mais à mon grand soulagement, il s'était contenté de pousser lentement son ceinturon dans ma direction tout en me demandant de le prendre et de faire ce qu'il y avait de mieux pour essayer de sauver ma tête.

Je le fixai avec étonnement avant de remarquer la présence d'un téléphone portable enfoncé dans l'une de ses encoches mais j'hésitai à m'en emparer de peur que ce ne soit un piège et qu'il ne trouve là une bonne raison pour me chicoter.

“Si seulement il pouvait arrêter de pivoter autour de moi de cette façon. Cela me donnait le tournis et voilà que j'étais de nouveau prise de nausées.”

— Tu attends quoi ?!

Je lui obéis, en me retenant de toutes mes forces pour ne pas vomir sur ses chaussures.

— Bien ! Maintenant, tu appelles !

Il va sans dire que je n'aurai pas hésité une seconde dans d'autres circonstances, mais là ce fut le cas car je ne connaissais personne capable de me sortir de cette situation.

— Ce n'est pas toi qui m'as parlé de ta mère ?!

"Ma chère maman. Oui, j'avais promis de lui téléphoner dès nous serions arrivés. Mais pas dans ces conditions. Les conséquences de ce coup de fil seraient terribles pour elle. Ce type sans cœur, incapable d'y penser..."

La table sur laquelle ses poings fermés venaient de rebondir manqua se renverser et moi avec. Je compris qu'il ne me lâcherait pas avant d'avoir obtenu ce qu'il attendait de moi, même si c'était ma peine et pas celle de ma mère. Et dire que je m'étais pourtant juré en pénétrant dans son bureau de ne pas craquer. Il faut croire que je n'étais pas aussi forte que je l'imaginais.

Il finit par me tendre lui-même son téléphone et me surveilla du coin de l'œil pendant que je composais le numéro avant de se rasseoir en soupirant d'aise. Le rythme de mon cœur se mit à s'accélérer alors que résonnaient plusieurs bips lointains.

— Allô ?

— Maman !

— Essèbè, c'est toi ?!

— Oui maman, comment vas-tu ?

—Pourquoi pleures-tu ? Qu'est-ce qu'il y a ?!

Ce bonheur, j'y avais toujours cru de toutes mes forces, laissant cette passion me dévorer corps et âme. Mais désormais, pas un jour ne se passerai sans que je ne me le reproche même si pour ma défense, j'étais certaine que toute femme dans mon cas, rongée par la solitude et en quête d'amour, aurait succombé à la tentation.

"Aïe maman. Si tu savais comme j'ai mal à mon cœur."

— Essèbè, parle-moi !

Honteuse, je ne savais pas trop bien par quel bout commencer, mais au bout d'un moment, je dû me jeter à l'eau. Je crois que j'aurais pu sangloter ainsi pendant des heures tout en lui narrant mes malheurs, si mon tortionnaire n'était revenu à la charge en me menaçant avec son arme de service. L'argent. Encore et toujours ce maudit argent.

— Dis-lui que je vais payer !

— Maman, non, c'est beaucoup trop !

— Essèbè, écoute-moi ! Dis-lui… !

A peine eu-je raccroché, qu'il me reprit son bien des mains avec un grand sourire avant de me proposer une petite bouteille de Fanta tout en m'expliquant que je ne devais pas culpabiliser de la sorte car je serai bientôt libre si tout se passait comme prévu et que pour lui, effacer toute trace de ma brève détention sans passer par la case jugement en échange d'une petit versement était une proposition plus qu'honnête et qu'il n'était surtout pas question de parler de corruption.

Je l'écoutai sans vraiment le faire, en m'imaginant retourner à ma vie d'avant, le problème étant que je ne pensais pas en avoir encore une, surtout après ce que je venais de faire subir à ma mère.

***

Elle avait tenu parole. Deux jours après mon appel, mon geôlier vint me confirmer avoir encaissé un mandat de la somme exigé pour ma libération, mais qu'il allait devoir en donner une partie à son supérieur afin que celui-ci accepte de viser ma levée d'écrou. A la façon dont il appuyait sur les mots en me regardant, je craignis qu'il ne revienne sur notre accord et ne nous demanda encore plus d'argent.

A ce jour, je ne sais toujours pas comment maman s'y était prise pour parvenir à réunir ces 500.000 FCFA (750 euros) bien que j'imagine tous les tourments que cela a dû lui apporter comme aussi la honte qu'elle a dû ressentir de devoir à chaque fois expliquer ma situation à qui voudrait bien lui venir en aide.

Il était un peu plus de midi, lorsque le portail de la garnison militaire se referma derrière moi. J'étais enfin libre mais méconnaissable, la peau brûlée par le soleil, des bouts de toile d'araignée accrochés aux nœuds de mes cheveux et mes vêtements sales imprégnés d'une horrible odeur d'urine et de moisi. Mes pieds étaient si enflés que je ne parvins pas à enfiler mes chaussures. Ignorant les regards curieux posés sur moi, je décidai de les tenir en main.

La circulation dense me donnait le tournis mais je continuai d'avancer le plus vite possible, m'arrêtant de temps en temps pour reprendre mon souffle. Au poste-frontière où avaient débuté mes ennuis, les gendarmes en faction n'eurent même pas un regard pour moi. J'en conclus qu'ils devaient me prendre pour une dérangée vu la manière dont j'étais accoutrée.

Je franchis les quelques mètres qui me séparaient du Cameroun sans me retourner, en continuant de penser à ma mère et au fait qu'elle avait dû s'endetter pour un bon bout de temps afin de s'acquitter de cette "rançon". Le petit montant qu'elle avait pris soin de rajouter en plus allait me permettre de regagner Boca-Boca et je savais déjà ce qui m'attendait par la suite, travailler deux fois plus pour tout rembourser.

J'allais aussi devoir apprendre à marcher tête basse tout en frôlant les murs car comme ceux de beaucoup d'autres femmes seules de Boca-Boca, mon enfant sans père, serait la cible des méchancetés et des médisances. Je me promis de le protéger de tout cela et d'essayer de lui assurer un avenir bien plus radieux que n'avait été le mien.

Un véhicule me dépassa et freina quelques mètres plus loin en klaxonnant puis une voix se mit à appeler avec insistance. Ailleurs, je ne compris par sur l'instant qu'il s'agissait de moi, jusqu'à ce qu'une main sortie par la vitre baissée du conducteur ne m'attrape alors que je parvenais à sa hauteur.

Je sursautai, croyant que c'était Oscar qui m'avait retrouvée et cherchai à me dégager en hurlant, avant de me calmer devant le visage connu qui me souriait avec compassion.

J'étais certes soulagée que ce ne soit pas lui car je considérais que nous n'avions plus rien à nous dire après ce que j'avais enduré par sa faute, mais quelque chose en moi me soufflait de rester néanmoins sur mes gardes.

— Les hommes se montrent parfois si cruels…

Je ne pouvais pas lui donner tort sur ce point. Mais que faisait-elle là ? Et comment avait-elle su … ?

De la tête, elle me fit de nouveau signe de monter, alors que derrière des klaxons commençaient à se faire entendre. Alors qu'elle redémarrait, je voulus lui poser la question qui me tenaillait avant d'y renoncer, en déduisant qu'elle avait dû faire jouer ses relations pour obtenir ce renseignement. Mais si elle connaissait du monde, pourquoi n'avait-elle rien fait pour me tirer de là ? Et pourquoi se montrait-elle ainsi si gentille avec moi, alors qu'elle avait été glaciale lorsque nous avions quitté leur domicile ?

Elle sembla deviner ce que je pensais d'elle sur le moment, car sans quitter la route des yeux, elle me lança :

— Je suis désolée ! Il ne voulait surtout pas que je m'en mêle !

J'avais beaucoup de mal à la croire, même si la façon dont elle parlait de son mari laissait deviner une totale soumission à toutes ses décisions. Son statut de femme du monde ne m'apparut plus si enviable que cela tout à coup.

— Oscar…?

— Il est vivant mais nous ne savons pas où ils l'ont emmené !

Elle me mentait une fois de plus et ce n'est pas la drôle de manière qu'elle avait de me regarder comme si j'étais une idiote qui ne semblait pas avoir retenu sa leçon, qui allait y changer quoi que ce soit. Son mari devait avoir une sacrée influence sur elle. L'aimait-elle vraiment comme j'avais aimé Oscar ou se satisfaisait-elle seulement du confort que lui apportait son argent ?

— Comment avez-vous connu Oscar ?

— Par mon mari...

— C'est vrai... leurs affaires !

Il est peu probable qu'elle appréciait mon agressivité mais elle ne le releva pas, se contentant de me sourire.

J'avais beau ne plus maitriser mes émotions, il n'en restait pas moins que je décelais qu'elle en savait plus que ce qu'elle voulait bien admettre. Seulement voilà, je ne me trouvais pas dans la meilleure des positions pour exiger quoi que ce soit d'elle si ce n'était qu'elle accepte de me conduire à la gare routière la plus proche où je pourrai débuter mon voyage de retour pour Boca-Boca.

Le robinet me résista un peu puis l'eau froide jaillit, ruisselant sur mon corps meurtri par les bleus. J'avais moi-même un peu du mal à y croire, mais j'étais bien de retour à Kousséri, mon hôtesse étant parvenue à me convaincre d'accepter de nouveau leur hospitalité le temps de me reposer et d'y voir un peu plus clair.

Dès notre arrivée, elle m'avait permis de passer un coup de fil à ma mère qui n'avait pu retenir ses larmes.

— Quand prends-tu la route ?

— Bientôt...

— J'ai hâte que tu sois revenue !

Oui, j'espérais moi aussi pouvoir très vite la serrer dans mes bras, bien que je n'avais toujours pas trouvé le courage de lui annoncer ma grossesse et que cela risquait d'être un choc supplémentaire pour elle.

Mes résolutions étaient une chose, mais la réalité en était une toute autre. Oscar continuait d'occuper toutes mes pensées, même si le bon sens aurait voulu que je tire un trait définitif sur ce beau parleur propre sur lui qui avait bien failli me mener à ma perte.

"Je t'aime comme un fou ! C'est pour ça que tu seras la mère de mes enfants ! Tu verras, nous serons heureux et nous ne manquerons jamais de rien !"

Certes, il m'était difficile de changer le passé, mais j'espérais néanmoins qu'il souffre autant que moi voire même plus pour ses mensonges et tout ce que je devais endurer à cause de lui.

Je me retins de lui dire qu'elle aurait quand même pu frapper. Sans un mot, Hania me tendit une robe qui devait appartenir à sa parente puis resta là à observer mon ventre au bout arrondi tandis que je me séchai rapidement avant de la passer.

— Un bâtard de plus… !

Je savais que je n'avais pas le droit de la laisser ainsi insulter mon enfant mais je ne me sentais pas de force à lutter. Non, pas cette fois. Soudain, je me souvins de quelque chose qu'elle m'avait dit la dernière fois et lui saisit le bras au moment où elle repartait.

— Que sais-tu sur Oscar ?

— Rien !

— S'il te plaît, aide-moi !

— T'aider ?!

Elle fixa un court instant la main qui continuait de l'agripper avant de la repousser avec violence puis de sortir en riant aux éclats.

***

— Comment l'avez-vous connu ?

— Il faisait des affaires, moi aussi…

La façon dont il parlait avec désinvolture d'Oscar au passé ne me laissait rien présager de bon, pour autant, aussi déplacée que puisse paraître mon attitude face à des personnes qui offraient si gentiment de m'héberger sans contrepartie, je n'entendais pas en rester là car j'éprouvai le besoin de mettre enfin des mots sur mes interrogations.

— Il m'avait dit posséder trois magasins de vivres frais à N'Djamena !

Au regard qu'ils échangèrent, je compris qu'ils n'étaient pas au courant de tout cela et voulus poursuivre sur ma lancée, mais le rire gras de mon hôte m'en empêcha, me laissant perplexe. Que trouvait-il donc de si drôle à ma tragédie ?

Bien que mon désarroi qui devait faire peine à voir, semblait loin de l'émouvoir, j'étais convaincue qu'il en savait beaucoup plus que ce qu'il prétendait sur celui avec lequel j'aurais dû partager ma vie.

Son épouse assise à ses côtés, comme éteinte, nous écoutait sans oser intervenir, sans doute à cause de la violence des remontrances qu'elle avait essuyées en aparté à son retour. Ma présence dérangeait son époux et le mettait surtout très mal à l'aise, pour une raison que je n'arrivai pas à m'expliquer.

— Je partirai demain !

Il secoua la tête avec une moue qui ne me laissa pas deviner s'il était réellement content ou contrarié par la décision que je venais de prendre. Drôle de personnage qui venait de réclamer à manger comme pour changer de sujet.

Contrairement aux autres fois, le dîner se déroula dans une atmosphère des plus pesantes, lui évitait avec soin de croiser mon regard tandis qu'elle, les yeux rivés sur son assiette, mangeait sans faire le moindre bruit. De là où j'étais assise, je pouvais sentir le regard de sa jeune parente constamment posé sur moi, qui ne me laissait un bref répit que lorsqu'elle devait se rendre à la cuisine.

J'avais à peine fini de manger que je me retirai après avoir murmuré à deux reprises un bonsoir poli auquel personne ne répondit comme si toutes mes questions avaient fini par me rendre indésirable à leurs yeux. Oui, il était décidément temps que je m'en aille.

Malgré le ventilateur à fond, la moiteur étouffante de la nuit était telle que je ne parvenais pas à trouver le sommeil. Ironie du sort, mon insomnie m'avait permis de faire le point et j'étais désormais bien résolue à aller de l'avant quitte à devoir rayer Oscar de ma vie bien qu'il resterait à jamais le père de mon enfant. J'étais consciente que les bonnes résolutions que je venais de prendre ne seraient pas aisées à mettre en pratique et que je devrais sans doute essuyer des piques et des médisances à mon retour à Boca-Boca, même si je me répétai là, mais désormais, je devrais apprendre à vivre avec puis peu à peu m'en défaire.

Je commençai à m'endormir, quand le grincement d'une porte vint saper tous mes efforts. Il y eut des chuchotements, une plainte vite étouffée puis plus rien pendant un bref instant, avant que des éclats de rire ne prennent le relais.

Les yeux grands ouverts, je me dis que je devais être en plein rêve, jusqu'à ce qu'une nouvelle plainte ne me fasse tressaillir et ne m'oblige à abandonner mon lit pour aller sur la pointe des pieds entrebâiller la porte de ma chambre.

La scène que je découvris me laissa sans voix et je regrettai de ne pas avoir su réfréner ma curiosité, bien qu'il me fallait admettre que d'être ainsi la spectatrice privilégiée de leurs ébats sauvages me faisait ressentir des sensations bizarres qui me donnaient le tournis, me rappelant les émotions qu'Oscar savait déclencher en moi lorsqu'il se mettait à m'embrasser dans le cou.

J'allais battre en retraite quand Hania tourna la tête et me découvrit. Mais au lieu de se rajuster prestement, elle eut un sourire des plus étranges avant de murmurer quelque chose à l'oreille de son vieil amant qui se mit à ahaner de plus belle en l'insultant.

Un nouveau bruit de porte m'obligea à refermer la mienne avec précipitation avant de regagner mon lit au pas de course en me demandant ce qui aurait bien pu se passer s'ils avaient été surpris par son épouse.

***

J'étais fin prête depuis des heures et attendait que quelqu'un daigne me conduire à la gare routière, mais la maison plongée dans un silence des plus mortifères paraissait vide. Du moins, c'est ce que je croyais, jusqu'à ce que mon hôtesse ne me rejoigne sur la véranda. Ses traits tirés me laissèrent deviner qu'elle non plus n'avait pas passé une bonne nuit et je m'interrogeai si cela avait un lien avec ce que j'avais surpris.

— Bonjour !

— Bonjour ! Je suis prête !

A mon grand étonnement, elle me sourit avant de m'embrasser avec effusion comme si nous étions les meilleures amies du monde. C'était à ne plus rien y comprendre. Ces gens étaient vraiment bizarres.

— Hania ! Hania ?!

"Encore son fichu lait caillé qui allait me donner des nausées pendant toute la journée... et elle qui n'arrêtait pas de nous tourner autour pendant qu'elle faisait le service ! "

Je n'étais pas dupe et me doutais qu'elle cherchait à écouter notre conversation, sans doute de peur que je ne raconte à sa parente ce que j'avais pu voir la veille. Il ne s'agissait donc pas d'un arrangement à trois comme j'avais pu le supposer mais pour autant, ce n'était pas à moi à lui ouvrir les yeux sur ce qui se passait dans son dos et sur l'instant, je n'avais qu'une chose en tête, me retrouver dans un autocar en partance pour Garoua.

Elle dut deviner mon impatience à la façon que j'avais de jeter de furtifs coups d'œil désespérés vers la porte d'entrée, mais au lieu de se proposer de me conduire à la gare routière comme je l'espérais, elle me sourit tout en se servant une nouvelle tasse de café.

— Pourquoi es-tu si pressée ?!

Je ne trouvais pas drôle du tout sa plaisanterie et m'apprêtai à le lui dire, quand je ressentis de violentes douleurs au ventre qui me plièrent en deux. Elle dut me dire quelque chose que je n'entendis pas et alors que mes soubresauts continuaient de donner l'impression que j'étais peut-être la proie d'un être maléfique, sous ses yeux horrifiés, je me mis à rendre tout ce que je venais d'avaler avant de perdre soudain connaissance.

J'étais transie de froid malgré mes draps remontés jusqu'au cou, la faute aux deux ventilateurs qui installés près de la porte de ma chambre, tournaient à plein régime. Instinctivement, mes doigts se mirent à palper mon ventre tandis que je priai pour que ce ne soit rien de grave.

— Comment te sens-tu ?

Je ne le savais pas trop, néanmoins je la rassurai par un sourire navré qui parut la satisfaire avant qu'elle ne se retourne et ne donne un ordre dans son dialecte à sa jeune parente, qui du pas de la porte, observait toute la scène.

— Avec ce qui vient de t'arriver, ton voyage retour devra attendre !

J'avais beau protester, je savais qu'elle avait raison et que voyager dans cet état préoccupant n'était pas ce qu'il y avait de mieux à faire. Juste au moment où j'allais ajouter quelque chose, sa parente qui s'était éclipsée, revint avec une petite boîte en fer blanc et de nouveau, elles se mirent à converser dans leur dialecte. Cela me surprit, car elles ne l'avaient jamais fait auparavant en ma présence et je commençai à m'imaginer qu'elles me cachaient peut-être quelque chose de grave qui avait trait à mon bébé.

"Si seulement, elles voulaient bien arrêter et se décider enfin à réutiliser le français."

— Qu'est-ce qu'il y a ?!

— Rien ! Tu dois juste te reposer quelques jours !

Elle me paraissait si sincère, que pas un instant je ne cherchai à douter de ses intentions. Et puis, après avoir mis trois enfants au monde, elle devait en connaître un rayon sur la fragilité des grossesses.

— Hania veillera sur toi le temps qu'il faudra !

Je voulus lui dire que sa jeune parente était bien la dernière des personnes à laquelle elle devrait accorder sa confiance puis lui raconter ce qu'elle faisait avec son mari dans son dos, mais sans pouvoir l'expliquer, je me dégonflai et me contentai de la regarder sortir.

— Ton bébé n'a rien pour cette fois...

Respirant bruyamment, je protégeai mon ventre de mes mains tandis qu'elle continuait de me fixer tout en ouvrant la boîte qu'elle avait rapportée avec elle.

Elle en sortit un petit sachet, me demanda de tendre la main et y laissa tomber un des étranges comprimés mauves qu'il contenait avant de se diriger vers la salle de bains.

— Avale-le !

— Pourquoi ?!

— Parce que je te le demande !

Alors que j'ouvrais la bouche pour appeler, elle me menaça du doigt. Son regard parlait pour elle. Elle était dangereuse. J'hésitai quelques secondes puis cherchai à me lever, mais elle me maintint sur le lit avec une force insoupçonnée et me contraint à prendre son comprimé. Après avoir vérifié que je ne l'avais pas caché sous ma langue, elle me lâcha tout en me désignant les tâches de vomis sur ma robe.

— Je dois te nettoyer !

— Je peux le faire plus tard !

Bien que je ne sois pas de taille à lutter sur le moment, je ressentais tout de même que d'avoir ainsi le dessus sur moi la ravissait comme si elle avait quelque chose à se prouver.

Elle prit son temps pour me déshabiller puis alors qu'elle finissait de rassembler mes vêtements, elle me lança :

— Il y a de l'argent à gagner au Tchad !

"Pourquoi n'y allait-elle pas elle-même si la vie y était si intéressante que cela ?!"

— Ma cousine connaît beaucoup de monde là-bas !

Je ne savais pas d'où elle pouvait sortir cette idée bizarre, mais j'étais très loin d'être intéressée par les opportunités qu'elle me faisait miroiter. Et puis, ma vie ne regardait que moi. Quant à la sienne…

Ce que je pensais ne sembla pas lui échapper car elle s'excusa platement avant de me sourire avec un tic étrange qui me fit douter de sa bonne foi, son regard sans cesse braqué sur la porte fermée de ma chambre.

—Parles-moi un peu de toi !

A la façon dont elle se raidit, je compris que je venais de toucher une corde sensible mais faillis bien le regretter aussitôt car elle se pencha sur moi en fulminant, sa main droite refermée sur un des coussins du lit.

—J'ai une vie, toi tu n'as rien ! Ton bidonville signifie retour à la case départ ! Ensuite, tu comptes faire quoi ? Vendre des plats cuisinés toute ta vie ?!

Elle faisait preuve d'une assurance en l'absence de sa parente qui me mettait mal à l'aise. Et je l'avoue, j'avais aussi peur, très peur d'elle et de ses envies de meurtre.

— Va-t'en !

— Si je veux !

Se rejetant en arrière, elle me dévisagea avec défiance puis haussa les épaules avant de sortir en emportant tout mon linge sale.

***

Trois semaines plus tard, je n'avais toujours pas fait le voyage de retour à Boca-Boca et me trouvais encore à Kousséri. L'entêtement de mon hôtesse avait fini par avoir raison de ma réticence, me poussant à me dire que mon avenir ne se trouvait peut-être pas là où je le pensais. Son mari qui ne voyait pas d'un très bon œil la pseudo complicité que nous avions développée, la laissait pourtant faire mais évitait avec soin de se retrouver seul dans une pièce avec moi, comme s'il craignait que je ne puisse parvenir à lui faire dire tout ce qu'il savait sur Oscar.

Ma nouvelle bonne amie m'avait déniché une sorte de poste de fille au pair au nord de N'Djamena chez des amis à eux qui avaient été mis au fait de ma situation et qui en échange de mes services durant deux ans me proposait le gîte, le couvert et un salaire décent qui me permettrait de pouvoir rembourser la somme que ma mère avait dû emprunter pour me faire libérer.

J'avais fini par lui annoncer que j'étais enceinte et même si elle se lamentait tous les jours de ce coup du sort, elle tenait cependant à ce que je rentre le plus vite possible à

Boca-Boca car cette proposition d'employée de maison ne lui disait rien qui vaille.

— Tu as pensé au bébé ?

— Il ne lui arrivera rien !

— Tu ne connais même pas ces gens !

— Ils ont deux enfants en bas âge et de très bonnes situations !

Oui, je me rassurai en me disant que c'était là une opportunité que je ne devais pas rater, surtout si elle me rendait enfin un semblant de dignité et je m'efforçai désormais de briser sa réticence bien que ce ne soit pas chose aisée car d'après les anciens qu'elle était allée consultée, je n'avais pas d'autre choix que de lui obéir.

Le matin de mon départ, Hania vint me réveiller à l'aube, un trousseau de naissance offert par sa parente, dans les mains. Durant tout mon séjour, nous n'avions plus reparlé d'Oscar ni de quoi que ce soit d'autre, car je faisais tout mon possible pour éviter de me retrouver seule en sa compagnie.

Depuis mon "incident", j'évitais aussi avec soin de manger ce qu'elle cuisinait, préférant m'en remettre à des préparations de mon cru. Les gens pouvaient me juger paranoïaque s'ils le souhaitaient, mais son regard ne me trompait pas. C'était une mauvaise personne qui pour une raison que j'ignorais, semblait en vouloir à la terre entière et à moi en particulier.

Le 4x4 aux vitres teintées qui stationnait devant la villa, réveilla en moi de pénibles souvenirs mais je me forçai à ne rien montrer devant mon hôtesse qui cette fois paraissait réellement affectée par mes adieux. Et dire que je n'aurai jamais cru m'attacher à elle en si peu de temps. Et pourtant, cela avait été vraiment le cas car à mes yeux, elle représentait la sœur que je n'avais jamais eue à laquelle je pouvais confier mes tourments et mes craintes avec la certitude de me voir apaiser par un conseil avisé.

— Que ton voyage se déroule au mieux !

Je la regardai avec étonnement car en me remettant mon passeport tamponné d'un visa pour le Tchad, son mari m'avait affirmé que la durée du trajet jusqu'au domicile de leurs connaissances ne serait d'environ que d'une heure et demie.

Elle se rendit compte à mon attitude que quelque chose n'allait pas et se dépêcha de me serrer dans ses bras en me donnant des conseils que j'écoutai à peine, l'esprit embrumé par autre chose. Et soudain, ce fut plus fort que moi :

— Je ne veux plus y aller !

— Comment ça ?

— Je ne veux plus y aller !

— Après tout le mal que je me suis donné ?!

— Je ne veux plus y aller !

— Pense à l'avenir que tu pourras offrir à ton bébé !

Cette façon avec laquelle elle insistait en maintenant une pression sur mon avant-bras tout en évitant de me regarder, me renforçai dans ma décision même si cela la contrariait. Tiens, et lui aussi, apparemment.

“Pourquoi ce n'était pas elle qui m'y m'accompagnait ? Je suis certaine qu'elle aurait su trouver les mots pour me rassurer pendant le trajet, tandis que lui...”

Les choses se bousculaient dans ma tête et leurs mines bizarres ne faisaient que renforcer un peu plus mon indécision. Elle me dit alors quelque chose qui fut couvert par le bruit du moteur rugissant.

Contemplant la portière entrouverte qui paraissait vouloir m'attirer comme un aimant pour ensuite mieux se refermer sur moi, je sentis la panique m'envahir et reculai en secouant la tête.

— Peut-être que nous devrions…

— Rentre et laisse-moi gérer cela !

Les yeux voilés de tristesse, mon hôtesse me sourit avant de se faufiler derrière le portail entrouvert de la villa. Je l'appelai puis me mis à crier son prénom mais elle ne se retourna pas. Alors que je faisais mine de la rejoindre, son mari me barra le passage en m'indiquant la banquette arrière de la tête.

— Ils nous attendent !

— Je… je ne veux plus y aller !

— Pourquoi cela ?!

— Je ne sais pas !

C'est à ce moment que sa maîtresse dont je n'avais pas entendue la venue, m'empoigna doucement par les épaules et me remit un sachet de confiseries maison. J'en étais à me dire que je l'avais finalement peut-être mal jugée, quand son étreinte se fit tout à coup plus ferme et qu'elle me força à avancer vers le 4x4 tout en me murmurant à l'oreille :

— Moi aussi, j'ai été mariée à Oscar !

Même si je reste persuadée qu'elle ne m'avait dit cela que dans le seul but de me faire encore plus souffrir, je ne pourrai jamais oublier son sourire de satisfaction tandis que j'accusai sur l'instant le coup de sa révélation, ni la brutalité avec laquelle elle me poussa à l'arrière du véhicule sous le regard complaisant de son amant qui en profita même pour lui voler un baiser qui les fit bien rire tous les deux.

Si seulement j'avais pu sauter de ce maudit 4x4 ou encore mieux, invoquer secrètement les anciens pour que son moteur tombe en panne, alors peut-être que j'aurai pu avoir une chance infime de m'en sortir, mais hébétée et recroquevillée sur la banquette arrière, je me trouvais bien incapable de quoi que ce soit…

***

Nous étions entrés dans N'Djamena que nous avions quittée depuis un bon moment déjà, ce qui ne faisait que confirmer ma crainte d'avoir été dupée par celle en qui j'avais eu pourtant une confiance aveugle, à moins qu'elle ne fût elle aussi une simple marionnette entre les mains de son mari.

La localité que nous traversions sous des nuages de poussière, se composait de petites habitations peintes à la chaux, que séparaient des enclos vides à l'ombre de baobabs aux feuilles jaunies.

Notre chauffeur dût soudain freiner pour éviter un mouton qui venait de s'aventurer sur la piste, ce qui nous obligea à rester là de longues minutes durant, à le contempler chercher son chemin dans des bêlements paniqués avant qu'il ne soit rejoint par son propriétaire en colère.

Au moment où nous allions quitter cette localité, à un croisement, nous fûmes assaillis par un essaim de jeunes filles voilées qui agitaient des bouteilles d'eau, d'arachides grillées et des ballotins de colas devant le pare-brise. Bien que je n'aie aucune idée de l'endroit où nous trouvions, je me dis que c'était peut-être là le moment idéal pour essayer de tenter quelque chose et j'attendis pour cela que mon hôte se penche vers sa vitre baissée pour héler une des vendeuses.

Je cherchai à déverrouiller ma portière, quand il se retourna et pointa un doigt menaçant sur moi, ses petits yeux de fourmilier guettant la moindre de mes réactions. Cela suffit à me faire changer d'avis car bien que je devais faire au moins trente kilos de plus que lui, malgré son physique ingrat, je ne me sentais pas de taille à lutter. Me souriant, il se rassit face à moi, le dos calé contre des coussins et commença à déguster ses arachides confites, insensible aux larmes qui coulaient sur mon visage.

C'est à peine s'il avait fait attention à moi depuis que nous avions quitté Kousséri, me préférant le film en noir en blanc que diffusait le minuscule téléviseur fixé sur le pare-brise arrière.

Un coup de klaxon rageur obligea les vendeuses à déguerpir, tandis que le 4x4 reprenait de la vitesse.

— Où allons-nous ?

— Tu le sauras en temps voulu !

— Pourquoi pas maintenant ?!

Il se contenta de hausser les épaules avant de me tendre une petite bouteille d'eau minérale tout en me conseillant de prendre du repos. Comment pouvait-il s'imaginer que cela me soit possible, alors que sa façon de m'observer sans répondre à mes interrogations me rendait folle de rage et me tuait à petit feu.

A présent, j'étais certaine que derrière son statut de respectable homme d'affaires, devait se dissimuler un nombre incalculable de magouilles. Et dire que malgré son vilain faciès de batracien, il respirait la bonté pour quiconque ne le connaissait pas. Si seulement j'avais pu sauter à terre… mais nous roulions si vite que j'aurais sans doute fini les os brisés sous les roues du véhicule. J'avais entendu plusieurs fois le chauffeur prononcer les mots Ras Jedir et de ne pas savoir ce qu'ils signifiaient, m'angoissait de plus en plus.

***

Phares allumés, nous roulions désormais à vitesse réduite dans le sable d'une oasis qui s'étendait à perte de vue. Mon compagnon de voyage qui avait enroulé son corps maigrichon dans une couverture, se redressa et scruta la pénombre de sa vitre, esquissant une grimace.

— Où sommes-nous ?

— Arrête avec tes questions !

J'allais finir par le découvrir un peu plus tard, nous venions de nous enfoncer dans le désert.

Une des roues heurta soudain un obstacle qui me projeta en avant. Je me rassis en soutenant mon ventre, tandis que des ombres silencieuses sorties de nulle part venaient à notre rencontre.

Le chauffeur qui me tenait par le bras pendant que son patron discutait avec le chef des nomades, me désigna les lueurs du feu de leur campement qui ne se trouvait qu'à quelques mètres du lieu où nous nous étions enlisés.

Un de ces hommes m'avança un tabouret puis me tendit une calebasse de lait de chamelle que je refusai poliment avant de lui réclamer plutôt de l'eau. Il m'en servit et malgré sa tiédeur et son goût de cuir, cela suffit à me tirer un peu de ma léthargie.

Je voyais bien à leurs regards qu'ils devaient tous se demander ce que je faisais là, mais aucun n'osa me questionner. Et d'ailleurs, je doute que nous aurions pu en parler car mon kidnappeur surveillait le moindre de mes faits et gestes.

J'aurais aimé me lever et partir en courant dans la nuit juste pour voir comment ils auraient réagis, même si j'étais certaine que je ne serai pas allée bien loin à cause de tout ce sable chaud qui nous entourait.

J'avais été autorisée à passer la nuit à l'intérieur du 4x4 car je craignais que les moustiques et les énormes criquets qui voletaient autour du bivouac ne soient un danger pour ma santé et celle de l'enfant que je portais. Même s'il n'y avait rien trouvé à redire, il avait tout de même pris le soin de vérifier que toutes les portières étaient verrouillées avant d'ordonner à son homme de main d'étaler sa natte sous le pare-chocs avant. Cela me faisait enrager, car pour une fois que je me retrouvais enfin seule, je ne pouvais toujours pas m'enfuir.

Si au moins j'avais pu récupérer mon passeport qu'il gardait dans la poche intérieure de sa veste, peut-être que cela m'aurait donné plus de courage pour tenter de le faire. Oui, j'aurai sans doute pu réussir à sortir du 4x4, mais il restait tout de même son chauffeur auquel j'avais renoncé à demander son aide, car il lui était trop loyal.

Je commençai enfin à m'endormir, quand je le sentis bouger pour la première fois. Malgré la douleur que me procuraient ces petits coups successifs que j'imaginais être des coups de pieds, cela m'apporta un ravissement sans pareil. "Oui, je suis ta maman et si Dieu le veut, tout ira bien. Dors mon fils ! Dors !"

Et je m'efforçai de l'imiter en enserrant mon ventre de mes mains.

***

Ces trois jours de route dans le désert ponctués d'ensablement, de crevaisons et aussi de marche forcée pendant parfois des kilomètres à travers les dunes sous un soleil accablant, avaient fini par avoir raison du peu de lucidité qui me restait.

Nous venions de parcourir 580 kilomètres depuis Tunis pour enfin arriver à Ras Jedir qui s'avérait être un poste-frontière entre la Tunisie et la Libye à l'entrée duquel se trouvait un immense panneau à la peinture défraîchie sur lequel était inscrit : "Welcome to Libya".

Je ne savais pas trop ce qui m'y attendait, mais je me sentais soulagée de revoir au moins un semblant de civilisation après ce voyage interminable dont je ne pensais pas réchapper. Mon fils, que je n'avais pas senti bouger depuis deux jours, me causait beaucoup plus d'inquiétude que les bavardages de mon compagnon de route que ce périple semblait plutôt avoir ragaillardi et bien que j'ignorais comment il allait réagir, il fallait que je lui en parle.

— Il y a de cela quelques mois, j'avais avancé une somme d'argent assez conséquente à ton époux Oscar afin qu'il puisse renflouer ses affaires !

De nouveau assaillie par les nausées, je ne l'écoutai même pas, réfléchissant juste à quitter au plus vite cet habitacle étouffant.

— Il ne m'a jamais remboursé et comme je ne suis pas prêt de le revoir, ses dettes deviennent désormais celles de son fils !

Ce pourceau était encore plus pire que tout ce que j'avais pu imaginer. Je ne sais pas si c'était à cause de la chaleur, de la fatigue ou un peu des deux, mais je fus prise d'un énorme fou rire qui le laissa sans réaction, juste au moment où l'un des soldats du poste-frontière qui s'était approché de notre véhicule, nous fit signe de couper le contact puis de descendre.

Loin d'être impressionné, il lui obéit avant de me contraindre à faire de même. Leur échange fut bref et se termina par une franche poignée de main qui raviva en moi le douloureux souvenir d'une scène déjà vécue, si ce n'est que dans cette nouvelle, les militaires qui nous entouraient étaient blancs.

— Mettez-vous de côté !

Je m'exécutai. Le soldat qui venait de s'entretenir avec mon ravisseur qu'il paraissait bien connaître, se pencha à l'intérieur du 4x4 par la vitre avant baissée, ouvrit la boîte à gants et y prit une petite liasse de dollars américains qu'il agita devant mon visage avant de l'empocher comme si de rien était puis aboya un ordre dans une langue aux résonnances très étranges. Tandis que la barrière métallique du poste-frontière se soulevait lentement, je compris que c'était le plus haut gradé de tous mais qu'il ne ferait rien pour moi.

Nous franchîmes cette frontière, sans qu'aucun des soldats libyens postés de l'autre côté ne prenne le soin de vérifier nos passeports ou de nous interroger, alors que lui me tirait par le bras et que ma mine devait faire peur à voir. Non, rien de tout ce que je pouvais faire ne semblait vouloir attirer leur attention.

J'avais réussi à lui échapper mais il m'avait rattrapé au bout de quelques mètres et me forçait désormais à avancer après m'avoir empoigné par les cheveux sous les regards suspicieux des soldats qu'il s'était aussitôt efforcé de rassurer en arabe d'une voix douce.

— Tu seras bien chez eux !

Il avait beau respirer la sérénité, il n'en restait pas moins un être misérable et sans scrupules, qui méritait de voir tous ses agissements dénoncer. Mais je n'étais pas certaine que quelqu'un ici me croirait.

— Le voilà !

Un monospace garé sur le bas-côté à environ trois cents mètres de là, démarra bruyamment et vint vers nous, moteur au ralenti.

L'homme à la barbe fournie et vêtu d'une djellaba qui en descendit, se mit aussitôt à me détailler avec une intensité qui me fit froid dans le dos. La peau de son visage boursouflé par endroits, la vilaine cicatrice qui descendait le long de son cou tatoué et les multiples écorchures sur ses mains de géant laissaient deviner une vie des plus troubles. Pendant qu'il s'avançait en prenant tout son temps, je remarquai qu'il boitait et qu'il était légèrement voûté.

— Salam !

— Amir ! Mon ami ! Salam !

Les deux échangèrent une accolade, les yeux gris perle de l'étranger continuant de m'examiner comme s'ils cherchaient à déceler le moindre de mes défauts.

— Tout est comme tu l'as demandé !

— Je l'espère… le bébé ?

— En bonne santé !

Il me serait impossible de vous décrire la sensation qui m'envahit au moment où je réalisai que j'étais en train d'être vendue à cet inconnu comme une vulgaire marchandise et j'en vins à regretter la misère qui était la mienne à Boca-Boca.

Oui, des regrets qui arrivent toujours un peu trop tard et qui nous laissent ce sentiment amer d'inachevé. Si seulement, à ce moment précis, j'étais parvenue à m'enfuir, peut-être que le reste de tout ce que j'ai vécu par la suite n'aurait existé que dans mon imagination.

L'étranger sortit un rouleau de billets verts de sous sa djellaba et le déposa dans les mains ouvertes de son intermédiaire auquel il intima de repartir avant de me pousser vers son véhicule tout en me prévenant que résister ne me servirait à rien, mais surtout il ajouta :

Je t'ai achetée ! Désormais tu m'appartiens alors ne fais pas d'histoires !

Paniquée, je me mis à hurler. La force de la poigne qui venait de se poser sur mon cou me fit comprendre qu'il ne plaisantait pas.

— Monte !

— Non !

L'escouade de soldats qui arrivait à notre hauteur, ne prêta aucune attention à mes cris et s'amusa même plutôt de la brutalité avec laquelle il me giflait pour me forcer à lui obéir, comme si ce qui se déroulait sous leurs yeux était quelque chose de tout à fait ordinaire. Je finis par capituler et il referma la portière sur moi avec un geste d'humeur avant de redémarrer sur les chapeaux de roues en jurant.

Cela faisait plus de deux heures que nous roulions. Blottie contre les cageots de légumes qui encombraient l'arrière du monospace, une petite bouteille d'eau tiède serrée entre mes jambes, je contemplai avec effroi le paysage de désolation qui s'offrait à moi.

Les ruelles que nous traversions étaient encombrées de carcasses de plusieurs véhicules calcinés et jalonnées d'immeubles à moitié détruits aux façades criblées de balles. A l'un des étages d'un d'entre eux, j'aperçus une famille en train de prendre son déjeuner, assise sur les décombres de ce qui restait de leur appartement.

Un peu plus loin, un groupe d'hommes cagoulés en armes, appuyés contre ce qui ressemblait être un char de combat d'une autre époque, nous firent signe de nous arrêter. Une main sur la poignée, je retins mon souffle, prête à me ruer à l'extérieur.

— Essaie et je te tue ! Mach Allah !

Des silhouettes voilées hâtant le pas en profitèrent pour disparaître dans les vestiges de ce qui avait dû être autrefois un quartier résidentiel.

Un des hommes qui venait de s'approcher, jeta un rapide coup d'œil dans l'habitacle avant de l'interroger sur moi. Lui, d'un calme déroutant, lui répondit à peine en ne cessant de m'épier de son rétroviseur, puis il lui glissa un billet de cent dollars plié en deux.

Nous avions repris notre route et bien que je mourrai d'envie de lui demander où nous allions, je gardai le silence, terrorisée par la conviction qu'il mettait dans chacun de ses mots lorsqu'il s'adressait à moi. Les rides que je pouvais apercevoir sur ses mains et ses cheveux grisonnants me laissaient supposer qu'il devait avoir un peu plus de la cinquantaine. "Tiens, voilà qu'il se mettait tout à coup à sourire. Mon dieu maman, qu'ai-je fait ?! Pourquoi ne t'ai-je pas écoutée ?!"

Tandis que je continuais de me demander quand nous arriverions enfin, lui continuait de sourire comme un idiot, semblant espérer que je l'imite alors que mes paupières devenaient de plus en plus lourdes.

Le bruit d'un claquement de portière me réveilla en sursaut. Je ne saurais dire combien de temps je m'étais assoupie mais cela avait au moins eu le mérite de me permettre d'échapper un peu à ma triste réalité.

— Descends !

Tout autour de nous, il n'y avait que des entrepôts entourés par une enceinte grillagée à travers laquelle j'apercevais des champs de cultures qui me rappelaient mon village natal.

— Ne m'oblige pas à te battre !

Je lui obéis, tout en levant les yeux pour contempler la demeure dont l'architecture moderne contrastait avec le reste du corps des bâtiments mal entretenus. Le linge qui séchait en claquant à un des balcons me laissa penser qu'il devait y avoir une famille qui vivait ici et cela me rassura quelque peu.

Je lui emboîtai le pas, quand un cri glaçant monta de derrière le portail cadenassé de l'un des entrepôts mais avant que je n'aie eu le temps de m'interroger sur sa cause, une ombre voilée sortie de la maison vint à notre rencontre.

J'avais beau ne pas comprendre ce qu'elle disait, je devinai à son attitude que quelque chose la contrariait et priai pour que ce soit moi et qu'elle lui ordonne de me laisser partir, mais j'avais été vraiment sotte de croire que cela aurait été possible, car à la façon dont il lui intima de se taire, je compris qu'elle ne pourrait rien pour moi.

***

La pièce de la maison dans laquelle il venait de me conduire était un immense salon aux tapis chatoyants. Parmi les photos de famille qui étaient accrochées aux murs, trônait celle de l'ancien dirigeant du pays, qui affublé d'un bandeau noir, semblait me narguer.

— Déshabille-toi !

Je crus à une mauvaise plaisanterie de sa part, mais lorsqu'il me l'intima de nouveau, je compris qu'il n'en était rien et fut contrainte de m'exécuter, choquée et humiliée de devoir ainsi me mettre à nue devant lui et ses deux garçons postés derrière le canapé au cuir usé dans lequel il avait pris place. Bien que je ne parvenais pas à saisir un traître mot de leurs échanges, je devinai néanmoins être la cible de leurs moqueries.

— Mes fils disent que tu as de gros seins !

Les larmes me vinrent aux yeux et je m'efforçai de mon mieux de leur dissimuler ma nudité, ce qui sembla beaucoup les amuser. Celui qui paraissait être le plus enhardi des deux, s'approcha soudain en courant et me contraignit dans un grand éclat de rire à enlever mes mains de ma poitrine.

Je ne sus pas trop quelle réaction avoir face à ce gamin pubescent qui semblait comme fasciné par cette offrande interdite. Son jumeau le rejoignit aussitôt et ils commencèrent à se disputer sous mes yeux avant de me pousser en avant.

Je faillis perdre l'équilibre et me retint de justesse à un meuble, en protégeant mon ventre.

— Frotte ! Frotte ta crasse de négresse !

Le jet d'eau froide fut dirigé à fond sur moi tandis qu'ils riaient de me voir ainsi grelotter. Je m'effondrai mais je dus aussitôt me relever quand ils me menacèrent de me battre si le résultat final ne leur convenait pas et sans l'intervention de leur mère, je pense que j'aurai fini par me trouver mal ou pire que j'y aurais laissé la vie.

Bravant les reproches de son époux, elle m'aida à m'essuyer et à me rhabiller, puis à quitter la pièce en évitant les flaques d'eau. C'est à cet instant, qu'encore toute secouée par l'épreuve que je venais de vivre, que j'eus un moment de faiblesse qui faillit bien me coûter cher.

Je n'avais fait que lui dire merci en m'accrochant à elle, mais le regard perçant que je devinai à travers les minuscules trous du voile qui dissimulait entièrement son visage, me disait qu'elle désapprouvait cela. Sa gifle manqua me couper le souffle et les rires reprirent dans mon dos tandis qu'elle m'abreuvait d'injures en arabe.

***

La nuit tombée, m'apportait enfin un peu de répit.

Je n'étais ici que depuis quelques heures, mais le temps me paraissait déjà bien loin car tout l'après-midi, j'avais été obligée de me plier au moindre de leurs caprices et surtout ceux des garçons, qui ne voyaient en moi qu'un nouveau jouet à torturer jusqu'à l'épuisement.

Et épuisée, je l'étais au point de ne plus me sentir en mesure de réfléchir de façon claire, surtout après que "le maître" m'ait fièrement révélé dans un français hésitant, qu'il avait dû débourser 20.000 dinars libyens pour m'acheter. Je ne savais pas ce que représentait cette somme, mais rien qu'à voir son sourire et la façon dont il en parlait avec délectation, j'avais compris qu'il avait dû réussir un coup. 20.000 dinars libyens. C'était donc là le coût d'un être humain en détresse, le prix de ma future liberté retrouvée d'esclave.

La brise du vent qui soufflait lentement me donna la chair de poule, m'obligeant à me couvrir les épaules avec le drap élimé que m'avait tendu sa femme avant de me désigner le tapis sur le balcon du premier étage.

Les coups de pied incessants de mon enfant me rassuraient sur son état. Ils étaient si fougueux que j'étais à présent sûre qu'il s'agissait bien d'un garçon, même si un examen médical n'aurait pas été de trop, mais il y avait si longtemps que je ne prenais plus mes rêves pour la réalité.

La hantise que mon fils n'ait lui aussi été acheté et qu'il ne me soit retiré à sa naissance, ne cesserait de me poursuivre en tout temps avec cette bizarre impression de revivre une de ces séquences de ces films d'époque sur l'esclavage que l'on nous projetait parfois à l'école.

"Mon Dieu, puisses-tu nous venir en aide ! J'ai si peur pour nous !"

L'aube se levait, quand le portail d'un des entrepôts qui venait de s'entrouvrir en grinçant, me réveilla en sursaut. Bien qu'endolorie par le fait d'avoir dû dormir en chien de fusil, je n'osai bouger de peur qu'ils ne me voient. De là où je me trouvais, je pouvais nettement distinguer des silhouettes en haillons pour la plupart, qui les yeux encore bouffis de sommeil, avançaient en silence vers une camionnette débâchée. Six hommes et deux femmes dont une qui boitait méchamment.

Notre "hôte" installé au volant, cigarette au coin des lèvres, surveillait le tout de son rétroviseur.

Son chargement effectué, la camionnette démarra sans bruit. Même si cela me rassurai de ne pas me savoir la seule retenue dans cet antre du diable, je me demandai avec appréhension où ils allaient ainsi et si je serai la prochaine.

Je m'efforçai de me rendormir quand je sentis une main effleurer ma poitrine puis une autre se poser sur ma bouche. Je voulus la mordre avant de me raviser, ne craignant que mon bébé ne devienne leur cible et les laissai donc faire à leur guise en les maudissant.

La main du garçon se mit à jouer maladroitement avec mes seins pendant que son jumeau faisait le guet. Au bout d'un moment, je crus à tort qu'il se lassait alors que son frère et lui ne faisaient qu'échanger leurs rôles, ce qui me poussa à me dire que ce ne devait être qu'un fort mauvais rêve. Hélas, la douleur de mes tétons sur lesquels le second s'acharnait avec une brutalité inouïe, me ramena bien vite à la réalité.

***

Cela faisait une semaine que j'étais retenue contre mon gré dans la demeure de cette famille de barbares, située à cinq kilomètres à peine de la banlieue sud de Tripoli.

Il y avait le père qui me dévisageait toujours avec des yeux de bovin mais qui paraissait hésiter à tenter quoi que ce soit avec moi, ses deux fils d'un sadisme inimaginable pour leur âge et leur mère toujours sur le qui-vive dès que son époux pénétrait dans une pièce où je me trouvais.

Malgré un physique ingrat que laissaient deviner ses caftans chatoyants, il m'avait fallu peu de temps pour comprendre qu'elle était le véritable commandant en chef des lieux et depuis, j'évitais soigneusement de la contrarier.

Mes journées étaient à peu de choses près toutes identiques. Réveillée bien avant eux, je devais d'abord m'atteler aux tâches ménagères puis à la préparation de leur petit déjeuner qui était toujours le même, un thé brûlant à la préparation minutieuse accompagné de fines galettes de farine de blé un peu trop fades à mon goût. Ensuite, m'attendait le plus difficile. La première fois que je fus amenée à franchir le portail du hangar où s'entassait leur main-d'œuvre agricole bon marché, il me fallut bien plusieurs minutes pour reprendre ma respiration tant l'odeur qui imprégnait les lieux était pestilentielle.

Les matelas de mousse sur lesquels dormaient mes "frères de destinée" ne devaient pas avoir été changés depuis bien longtemps à en croire la moisissure qui les recouvrait tout comme les bouts d'étoffes délavées qui leur servaient de draps.

Bafoués, avilis, ils n'avaient plus aucune dignité ni identité et leur silence pesant tandis que je m'activais parmi eux me laissait supposer qu'ils s'étaient résignés à ce triste sort, même si certains caressaient toujours le rêve de pouvoir atteindre les côtes italiennes dès qu'ils auraient trouvé un arrangement avec "le patron".

Travailler, sans relâche, encore et toujours, c'était là le prix de la liberté illusoire qu'ils étaient vraiment peu nombreux à pouvoir espérer acheter après avoir déjà été les victimes de passeurs sans scrupules.

Le plus dur pour moi était d'avoir à nettoyer les latrines, un trou creusé à la va-vite dans le béton du sol qu'entouraient des planches jaunies cimetière de restes d'insectes en tout genre. A cause de l'odeur qui s'en dégageait, il m'arriva plus d'une fois de rendre tout le contenu de mon estomac et tout en frottant les croûtes séchées, je m'interrogeai sur ce que nous avions fait pour mériter ce châtiment car je voyais bien que nous ne valions pas plus que des bêtes pour eux, même si à mes yeux, la valeur de tout être humain ne devait pas s'estimer à la couleur de sa peau.

Aujourd'hui encore, lorsqu'il m'arrive de repenser à tous ces instants douloureux, j'ai le cœur qui saigne et je ne peux leur pardonner ni leur trouver une excuse qui expliquerait les traitements inhumains qu'ils nous ont infligés par plaisir, cupidité et haine de l'autre.

Cela vous semblera bizarre, mais mon passage dans les entrepôts était le seul moment de répit de toute ma journée de labeur. Oui, car après, il y avait les tapis de la maisonnée que j'étais obligée de traîner à l'extérieur pour les battre pendant une heure sous un soleil de plomb avant de les rentrer et de les réinstaller chacun à leur place. Ensuite, je devais suivre Madame à la cuisine où elle m'expliquait par des gestes ce qu'elle attendait de moi.

Les repas prêts, je les servais en essuyant parfois ses récriminations avant de devoir rester debout dans un coin à attendre patiemment qu'ils aient fini de manger pour débarrasser et faire la vaisselle. Et c'est seulement ensuite, que j'obtenais la permission de manger à mon tour, même si elle prenait toujours un malin plaisir à m'interrompre en plein milieu de mon déjeuner.

Je gagnais alors sa chambre où je devais pendant des heures la masser avec des onguents de sa préparation qui me donnaient la nausée et durant ces rares instants, j'avais enfin pu la découvrir sans ses voiles.

Elle paraissait beaucoup plus jeune que son époux mais j'aurais été incapable de deviner son âge exact. Sa peau pâle, parsemée de boutons par endroits, tranchait avec ses yeux qui étaient d'un bleu magnifique et ses longs cheveux bruns qu'elle devait dissimuler par tous les temps.

Oui, tel était mon quotidien, mais aujourd'hui, au regard qu'elle venait de me jeter alors que je finissais de débarrasser les restes du petit déjeuner, je compris que cette journée n'allait pas se dérouler comme toutes les autres.

— Come !

C'était la première fois qu'elle utilisait une autre langue que l'arabe pour communiquer avec moi et cela me surpris beaucoup.

Même si je ne savais pas trop à quoi m'attendre, je ne lui opposai pas de résistance lorsqu'elle m'obligea à la suivre dans sa chambre. Le caftan disposé sur le lit qu'elle venait de me désigner me faisait assez envie, mais j'hésitai à me pencher pour le prendre, craignant que ce geste amical ne soit un piège, une preuve de plus de la méchanceté dont ils ne cessaient de faire preuve à mon égard depuis mon arrivée chez eux.

— Take it ! Take it !

Je fis non de la tête tout en reculant vers la porte. Cela l'irrita et elle se mit à m'insulter en arabe comme elle en avait l'habitude, avant de me jeter le vêtement au visage que je me dépêchai de passer tout en me confondant en remerciements, mais cela ne sembla pas l'apaiser et elle me poursuivit dans toute la maison en continuant de me houspiller.

***

Je ne comprenais pas ce qu'ils avaient tous à me dévisager de la sorte et cela me fit tout à coup me sentir grotesque dans ce vêtement inhabituel qui dévoilait mon ventre arrondi.

Ma bienfaitrice que ma gêne amusait, m'obligeait à ouvrir le passage tandis qu'elle prenait un malin plaisir à s'arrêter devant chacun des étals pour y saluer des connaissances ou négocier le prix des articles vendus, pour au final ne rien acheter sur ce marché en plein air où son mari nous avait conduites avant de s'éclipser avec l'un de ses fils après avoir chargé le second de ne pas me quitter d'une semelle.

A un moment donné, mon regard croisa celui d'une autre femme noire dans la foule, qui tout comme moi suivait sa "maîtresse" et un adolescent rachitique qui portait un panier à provisions rempli à ras bord.

Malgré la détresse qui se lisait sur son visage, j'eus le temps d'entrevoir la pureté de ses traits. Ceux d'une jeune fille aux tresses sales et à l'accoutrement aussi grotesque que le mien, que les affres du destin avaient également conduite dans l'enfer de ce pays inconnu où nous n'étions rien.

Pendant que ces dames se saluaient avec effusion, je fis tout ce qui me fut possible pour tenter de capter discrètement son attention alors qu'elle continuait de fixer le sol de ses beaux yeux humides. Comme j'aurais aimé pouvoir lui raconter mon calvaire et m'enquérir du sien pour tenter de décrypter cette folie qui nous avait poussées un jour à tout quitter par amour ou désir d'indépendance.

Alors qu'elle relevait la tête, nous eûmes à peine le temps d'échanger un regard qui en disait long sur nos souffrances que la méchante la pressa d'avancer en lui pinçant les fesses, mais j'avais quand même eu le temps de remarquer qu'elle était elle aussi enceinte bien que son état se voyait beaucoup moins que le mien et tout en la regardant s'éloigner, je ne pus m'empêcher de me demander si son bébé était destiné à devenir lui aussi un forçat. Une interrogation qui resterait à jamais sans réponse car nous ne nous revîmes plus, tout comme tous les autres qui avaient eu à croiser mon chemin et pour lesquels je réclamai la clémence du ciel.

J'étais fatiguée, j'avais mal aux pieds et elle s'en était aperçue mais pourtant nous continuions d'arpenter le marché sans qu'elle ne se décide à acheter la moindre petite chose, ce qui me laissait penser qu'elle prenait juste un malin plaisir à m'exhiber ainsi devant tous.

Nous venions de nous arrêter devant un vendeur de fruits à la découpe, quand retentit un bruit d'explosion qui me laissa sans réaction tandis qu'autour de moi, les gens se mettaient à courir dans tous les sens. Une main m'entraîna au sol avant de me pousser sous le comptoir d'un vendeur de figues juste au moment où retentit une seconde explosion plus violente que la précédente qui me fit craindre le pire.

Une épaisse fumée grise à l'odeur âcre continuait de flotter au-dessus du marché jonché de débris. Le stand voisin de celui sous lequel nous avions trouvé refuge avait été littéralement soufflé et de là où je me trouvais, je pouvais apercevoir des restes du corps déchiqueté du vendeur qui nous vantait encore la fraîcheur de ses fruits quelques secondes auparavant.

Mon sauveur m'aida à me relever avant de chercher sa mère du regard puis il se mit à crier son nom avec angoisse. Nous la retrouvâmes un peu plus loin, comme sonnée, errant au milieu des victimes en soutenant son bras gauche. La plaie n'était pas profonde, mais je me sentis mal à la vue de tout ce sang.

Soudain, un bruit de moteur résonna et un avion de guerre fendit les nuages.

— Run ! Run !

***

Les mois qui passaient à toute vitesse, amplifiaient mon angoisse de me voir obligée de mettre mon enfant au monde dans ce domaine pour âmes échouées aux libertés confisquées.

J'en étais à mon huitième mois de grossesse, ce qui ne me facilitait pas du tout les choses pour mes tâches quotidiennes et je commençais à lire de la frustration dans le regard de ma maîtresse car il m'était désormais très difficile de répondre à tous ses caprices.

Son mari, pour qui je ne semblais n'avoir été qu'un investissement coup de cœur, se consacrait à présent à une affaire qu'il jugeait beaucoup plus rentable et qu'il avait dénichée dans le contingent des derniers arrivés.

Cette jeune chabine semblait lui avoir tapé dans l'œil vu tous les traitements de faveur qu'il lui accordait et son empressement à la rejoindre dès que sa femme était endormie.

J'aurais préféré me retrouver moi aussi dans un des entrepôts avec les autres au lieu de mon coin exigu de balcon où je ne parvenais même plus à détendre mes jambes enflées, bien que j'avais pu obtenir des coussins et un tapis en bien meilleur état que le précédent.

Je n'avais eu aucun signe de la journée qui aurait pu me laisser augurer que mon enfant arriverait ce soir-là, mais au moment où les contractions commencèrent à se succéder à un rythme affolant, je dus admettre que je n'avais plus le choix et qu'il allait falloir me montrer forte pour nous deux.

Ma douleur était si intense que j'aurais tout donné pour avoir ma mère à mes côtés au lieu de ces deux idiots d'adolescents boutonneux qui me dévisageaient en immortalisant mes râles avec leurs téléphones. Leur mère, qui avait essayé de les faire décamper avant de se résigner, s'efforçait désormais de mener à bien mon accouchement, secondée par deux captives choisies au hasard dans l'un des entrepôts.

Mes cris devaient s'entendre à des kilomètres de là tandis que du sang s'écoulait sans discontinu sur mes cuisses, me poussant à me demander si j'aurais encore suffisamment de force en moi pour mettre mon bébé au monde, alors qu'elle ne cessait de me hurler dessus en accompagnant ses nasillements de grands gestes que je ne comprenais pas.

“Pourvu que tu sois aussi beau que ton père ! Cesse de me torturer ! Viens à moi !”

La naissance de mon fils, sonna pour moi comme une délivrance même si je me rendis aussitôt compte que quelque chose n'allait pas. Son petit corps fragile appuyé tout contre ma poitrine était bleu, froid et silencieux.

Inquiète, je me mis à le secouer avec fébrilité tandis que mes accoucheuses de fortune regardaient ailleurs, refusant d'être les témoins de ce drame inéluctable.

— Je t'en prie, ne me laisse pas ! Réveille-toi !

Je me souvins que je le secouai avec tant de force que sans le vouloir, j'aurai pu finir par le tuer, mais le ciel en avait décidé autrement car dans le flot de mes larmes, j'avais soudain senti tout son petit être gigoter lentement avant qu'il ne pousse un faible vagissement puis un bref second beaucoup plus vigoureux.

Ce fut le moment que l'Autre avait choisi pour me l'arracher des bras avant de rentrer dans la maison avec lui après l'avoir enveloppé avec soin dans une serviette neuve. J'aurais tant voulu pouvoir me relever et lui courir après tout en lui hurlant de me le rendre, seulement voilà, sur le moment, j'étais bien incapable de quoi que ce soit…

***

Je ne connais pas une mère qui ne soit pas comblée après avoir donné naissance à un enfant désiré et cela aurait dû être mon cas si je n'étais pas presque tout le temps privé du mien.

Mon fils avait maintenant un peu plus de trois mois, mais je n'avais jamais passé une seule journée entière en sa compagnie car elle ne me le rendait que pour que je puisse l'allaiter et je profitai de ces rares moments pour tenter de lui faire passer tout mon amour même si elle n'était jamais bien loin.

Je la haïssais et la maudissais à chaque instant pour tout le mal qu'elle me faisait ainsi endurer sans pouvoir me résigner à voir mon fils devenir le sien après qu'elle et son mari aient décidé de le prénommer Malek au lieu d'Oscar comme je le souhaitais.

Oscar, comme son père, auquel il m'arrivait encore de penser dans mes moments de grande solitude. Mon entêtement m'avait valu dix coups de ceinture et deux jours de jeûne pendant lesquels je n'avais eu de cesse d'implorer le ciel, mais il faut croire qu'il avait d'autres préoccupations plus importantes car son aide se faisait toujours attendre.

— Give me the baby! Give me!

Et comme à son habitude, elle me l'arracha des bras en accompagnant son geste d'une salve d'insultes en arabe. Son engouement pour mon fils faisait monter en moi des envies de meurtre et je n'osai imaginer ce qui se passerait le jour où je déciderai de lui résister. Car nous le savions toutes les deux, cela finirai par arriver.

"Si seulement tu étais là, peut-être que tu aurais trouvé le moyen de nous libérer de ces chaînes."

Bien que son mari semblait indifférent à tout cela, je vivais constamment dans la crainte qu'il ne décide un jour de m'enlever mon fils pour de bon et de le vendre au plus offrant à défaut d'en faire un forçat sans avenir.

Son trafic était tellement bien organisé que dans ses entrepôts, s'entassaient un nombre incalculable d'âmes en souffrance prises dans les filets de tous ces passeurs fantômes qui régnaient en maître sur la méditerranée.

Ces esclaves des temps modernes, se trouvaient à la merci de cette famille de négriers souvent juste pour deux ou trois mois puis ils disparaissaient comme par enchantement du jour au lendemain, me poussant sans cesse à m'interroger sur ce qu'il pouvait bien advenir d'eux par la suite, même si j'en avais une petite idée.

Certains, au prix du sang, étaient sans doute parvenus à atteindre l'Europe, mais tous les autres, faibles et sans défense, avaient certainement dû être revendus pour renforcer la main d'œuvre docile à moindre coût des exploitations agricoles ou encore enrôlés de force dans les milices armées qui se disputaient le contrôle du pays.

J'avais entendu dire que les étrangères échouaient dans les bordels disséminés dans toute la région et je redoutais que la même chose ne m'arrive le jour où elle finirait par se lasser de sa petite marionnette noire joufflue comme son mari aimait à me le souligner avec méchanceté.

Mon avenir incertain me hantait constamment, mais j'avais tout de même d'un autre côté obtenu un peu de répit des jumeaux, qui traumatisés par la scène de mon accouchement, avaient depuis lors jeté leur dévolu sur la jeune maîtresse de leur père et ils ne se cachaient désormais même plus pour la rejoindre dès que celui-ci avait le dos tourné.

Je la trouvais très hautaine et agaçante avec sa moue permanente de demoiselle en détresse, mais surtout, j'avais bien du mal à comprendre comment elle pouvait s'accommoder de cette situation malsaine.

Je l'avoue, j'étais aussi un peu jalouse de son teint, de sa jeunesse insouciante et de cette façon bien à elle d'obtenir tout ce qu'elle voulait d'un seul claquement de doigts.

Ce joli brin de gamine soumise et écartelée entre ces trois hommes d'une même famille n'eut pas à attendre très longtemps avant de constater les ravages de leurs sévices. Son teint lumineux se ternit et ses sourires et son insouciance disparurent au fur et à mesure que son ventre commença à prendre du volume. Terrifiée, elle errait désormais d'entrepôt en entrepôt comme une âme en sursis en soutenant son fardeau de ses deux mains.

Si seulement, elle avait été capable d'en désigner le père, cela nous aurait peut-être permis de consoler son chagrin d'enfant qui faisait peine à voir, car même dans mes plus horribles cauchemars, je ne m'étais imaginée devoir un jour porter le bâtard de cette famille.

Mon fils, qui venait tout juste d'avoir six mois, se portait comme un charme, même si je n'avais toujours pas la possibilité de passer plus de temps avec lui et que je devais subir chaque jour pour un oui ou pour un non les aigreurs de notre maîtresse et je commençais à désespérer qu'il n'en soit ainsi très longtemps jusqu'à ce que je croise son chemin ou plutôt qu'il ne débarque un jour dans nos vies sans s'annoncer.

Il s'appelait Marwan et conduisait un puissant pick-up qui manqua m'écraser alors que je me trouvais en train de battre les tapis. Malgré ma peur, intriguée, je ne pus m'empêcher de le suivre du regard tandis qu'il pénétrait dans la maison car je ne l'avais jamais vu ici auparavant alors que sa ressemblance saisissante avec le propriétaire des lieux absent laissait deviner un lien de parenté évident.

J'en conclus en me remettant au travail que ce devait être un de ses frères cadets même si celui-ci finit par m'apprendre un peu plus tard dans un français chanté qu'il était son fils aîné. Cette confidence me surprit, car ils n'avaient jamais évoqué son existence devant moi. Après tout, il est vrai que je n'étais personne pour eux et sa belle-mère eut vite fait de bien le lui rappeler en interrompant sèchement notre discussion avant de lui présenter avec frénésie son nouveau jouet.

Cette visite me tourmentait et faisait ressurgir mes craintes que je m'efforçai de dissimuler de mon mieux pendant que je servais le thé que j'étais allée préparer à la cuisine. Elle, surveillait mes moindres faits et gestes, prête à bondir à la moindre excuse que je lui donnasse.

Il me dévisageait d'une façon qui ne laissait place à aucun doute mais je ne voulais pas de sa pitié bien que je souffrais de voir ainsi mon fils gigoter dans les bras d'une autre, mais j'avoue qu'il m'aurait été bien difficile d'ignorer sa présence tant il était imposant dans son uniforme treillis et ses bottines crottées, ses cheveux en brosse et sa barbe mi-longue donnant encore plus d'envergure à sa stature d'homme de guerre qui ne me laissait pas indifférente.

— Clean ! Clean !

Je ne comprenais pas ce qu'ils se disaient mais je pouvais deviner qu'il l'interrogeait à mon sujet même si elle faisait mine de ne rien entendre, en continuant de jouer avec mon bébé qui babillait et je sentis mon cœur se déchirer quand elle le lui mit de force dans les bras avant de le reprendre presque aussitôt pour pincer ses joues potelées.

— Prends-le !

Je fixai le verre de soda sans oser m'en emparer. Il se leva alors et me le tendit en souriant et en ignorant les cris de protestation de sa belle-mère qui m'intima de sortir.

— Reste-là et assieds-toi !

Il ne devait pas avoir plus de trente ans mais faisait preuve d'un calme et d'une assurance qui semblaient avoir le dessus sur la voleuse d'enfants.

— D'où viens-tu ?

Ce serait mentir si je vous disais que je n'avais pas apprécié notre brève conversation et je pense même que je me serais montrée plus à l'aise si elle n'avait pas été là à m'épier sans toutefois parvenir à déchiffrer le contenu de nos échanges qu'elle ne contrôlait pas. Je la sentais au bord de la crise de nerfs et je n'avais pas tort car dès qu'il eut pris congé peu de temps après la fin du déjeuner après lui avoir promis de repasser nous voir bientôt, je crus bien que le ciel me tombait sur la tête.

La connaissant, j'aurais pourtant dû rester sur mes gardes, mais me trouvant encore sous les effets du bref moment de liberté que je venais de connaître, je me laissais aller à rêver en débarrassant la table et c'est le moment qu'elle choisit pour s'en prendre à moi avec une violence inouïe qui m'obligea à lâcher tout ce que je tenais en main pour tenter de protéger mon visage de ses ongles.

Le bruit de la vaisselle qui venait de s'écraser sur le carrelage parut décupler ses forces et elle continua de s'acharner sur moi en feignant de ne pas entendre les pardons que je m'efforçai de lui murmurer, bien que j'aurai aimé réagir, me défendre face à cette injustice et rendre coup pour coup. Hélas, la peur qu'elle ne s'en prenne à mon fils m'en empêchait. Mais si Dieu le veut, un jour, peut-être que ce serait différent...

Au bout d'un moment, je parvins à lui échapper et à m'enfuir, poursuivie par ses cris stridents qui devaient résonner partout aux alentours.

Enchaînée dans un entrepôt à l'écart des autres, il me fut interdit de voir mon enfant les deux jours qui suivirent et elle s'autorisa à le nourrir avec du lait de chèvre tout en me faisant passer le message que je ne le reverrai plus si jamais j'osais la contrarier de nouveau à l'avenir.

Bien que je sois certaine qu'elle ne lui ferait pas le moindre mal, je vécus très mal cette absence, car ses babillages continuels ainsi que la chaleur de son petit être potelé me manquaient.

La nuit du 3e jour, alors que mes tourments me laissaient un peu de répit, je la vis franchir paniquée le seuil de ma geôle en portant à bout de bras mon fils qui était en train de s'étouffer avec son vomis.

Je ne sais si tu sauras me pardonner Seigneur, mais de le voir dans cet état me donna des envies de meurtre que j'aurais sans doute mis à exécution si je n'avais été enchaînée, même si au final, nous en fûmes juste quittes pour une grande frayeur.

Je venais à peine de finir de le nettoyer et d'apaiser ses pleurs qu'elle fit mine de me le reprendre, mais son mari qui était venu aux nouvelles, le lui interdit avec une fermeté qui me surprit.

— Give me the baby!

— Atrukh! (Laisse-le!)

— Give me the baby!

Je pouvais lire dans son regard qu'elle ne comptait pas céder, mais forte de ce soutien imprévisible, j'étais aussi décidée à en faire de même et serrant mon fils contre moi, je cherchai à la repousser. Elle se mit alors à me hurler dessus en arabe avant de me gifler plusieurs fois. Constatant que je ne lâchai toujours pas prise, elle décida de s'en prendre à mes cheveux qui étaient déjà en bien piteux état, m'arrachant un cri de douleur.

Mon supplice aurait été sans fin, si son mari n'était intervenu pour lui faire lâcher prise avant de la pousser avec brutalité devant lui. Quand la porte de l'entrepôt se referma sur eux, je m'effondrai en larmes sur le sol humide, soulagée mais aussi consciente que ce combat à mort n'en était qu'à ses débuts.

Cette nuit-là, pour la toute première fois depuis sa naissance, mon fils ne fut rien qu'à moi. Et tandis qu'il tétait mon lait avec avidité, je m'en voulus énormément de m'être montrée si lâche jusqu'à lors. Après l'avoir bercé, je restai toute la nuit éveillée à le contempler dormir, aux aguets, un épi de planche au bout affûté à la main.

***

Il nous avait promis de revenir et avait tenu parole, encore que je ne savais pas trop si ces retrouvailles étaient le début d'une belle amitié ou s'il m'avait tout simplement prise en pitié. Toujours est-il, que lorsqu'il me fit demander et que je pénétrai au salon où il se trouvait en train de discuter avec son père, il me sourit, avant de contempler avec curiosité l'ingéniosité dont j'avais fait preuve pour attacher mon fils endormi sur mon dos.

Elle était présente elle aussi, mais croyez-le ou non, elle n'avait depuis plus rien tenté pour récupérer mon fils, même si je pouvais constamment lire dans ses yeux combien il lui manquait au point de la transformer en une espèce de zombie qui passait ses journées à errer sans but dans la propriété.

Je n'attendis pas qu'elle me le demande et me mis à servir le thé brûlant comme elle me l'avait enseigné en évitant de croiser son regard qui ne semblait attendre que le moindre de mes faux pas pour me punir.

— Ton fils est très beau !

J'étais gênée qu'il me dise cela devant elle, néanmoins je le remerciai dans un murmure presque inaudible en me pressant pour quitter la pièce.

— Attends ! Donne-le-moi !

Je sentis tout mon corps traversé de tremblements tandis que leurs regards braqués sur moi, attendaient. Avec nervosité, je détachai les nœuds du bout de tissu dans lequel j'avais enveloppé mon fils puis le fit glisser lentement de mon dos.

— Tout compte fait, laissons ce petit dormir, qu'il soit très robuste en grandissant !

A la façon dont il appuyait chacun de ses mots, je pressentis que ce que j'avais toujours redouté était sur le point d'arriver et j'eus soudain toutes les peines du monde à respirer.

La théière m'échappa des mains et rebondit sur les tapis alors que mes jambes se dérobaient. Il fut aussitôt à mes côtés et tout en me soutenant, me contraignit à m'asseoir.

Sa belle-mère qui semblait avoir tout juste réalisé de quoi il parlait, avait cessé ses vociférations et accusait le coup en silence tandis que son mari affichait un large sourire.

— Mon fils est bon négociateur !

— Va préparer tes affaires !

Je ne les voyais pas, mais je pouvais tout de même les imaginer tous agglutinés derrière les portails des entrepôts à se demander ce qui allait m'arriver.

Alors que je grimpai avec mon fils à l'arrière du pick-up bâché, j'eus une pensée pour chacun d'entre eux. Nous ne nous reverrions sans doute plus, mais je ne saurais effacer de ma mémoire tous les moments douloureux parfois empreints d'espoir que nous avions partagés.

Quant à elle, il m'aurait été impossible d'avoir un mot gentil à son égard même si sa détresse faisait peine à voir car je continuais de lui en vouloir pour tout ce qu'elle m'avait fait endurer et il me faudrait sans doute plus d'une vie pour parvenir à lui pardonner.

Deux ans plus tard…

Ce matin, à peine levé, il s'était retourné vers moi après avoir embrassé notre enfant et m'avait pour la toute première fois déclaré qu'il m'aimait, avant de vite s'en aller, penaud, comme si son aveu était un péché.

Je ne savais pas trop quoi réellement en penser, car même si j'avais fini par m'attacher à lui au fil du temps, jusque-là ses démonstrations de tendresse se limitaient surtout à des blagues salaces, des claques sur les fesses et des ébats brutaux parfois non consentis qui étaient une occasion pour lui de me rappeler que je n'étais pas de celles que l'on considérait comme "attitrées".

Le moteur de son pick-up démarrait à peine que je décidai de quitter le lit installé dans un coin de la pièce défraîchie, tournant en rond pendant un bon moment sans trop savoir quoi faire de cette révélation avant que les pleurs de mon cadet ne me ramènent à la réalité.

Mustafa venait d'avoir cinq mois, mais pour autant j'avais toujours du mal à m'habituer à la blancheur de sa peau et à ses cheveux blonds qui ne permettaient pas de deviner notre lien de parenté. Mais au moins, c'était bien son fils et grâce à lui, peut-être aurions-nous la chance de ne pas être séparés tous les trois.

— Maman, pipi !

Je n'eus pas d'autre choix que de le reposer dans son berceau avant d'entraîner mon aîné trempé à ma suite.

Je l'aidais à se débarrasser de ses vêtements sur le pas de la porte du logis où Marwan nous avait installés quand des pas me firent lever la tête.

Tarik me sourit avant d'engager la conversation en arabe avec mon fils qui lui répondit sans aucune hésitation. Je jalousais cette complicité naissante car je ne comprenais rien à ce qu'ils se disaient et ne pouvais m'empêcher d'en vouloir à son "père" qui avait décidé de lui apprendre cette langue qui n'était pas la sienne et qui l'éloignait chaque jour un peu plus de moi pour mieux le rapprocher de lui et de ses proches comme ce vieillard qui se dirigeait en traînant la patte vers un des entrepôts voisins.

Malek chercha à lui emboîter le pas mais je l'en dissuada aussitôt car je ne savais toujours presque rien de cet homme à un œil de verre, si ce n'était qu'il était au service de Marwan depuis bientôt dix ans et qu'il était veuf, en plus d'être retraité de l'armée régulière et amoindri par une blessure de guerre.

Nous avions beau avoir emménagé à Tarhūnah à plus de 80 kilomètres au Sud-Est de là où je pensais avoir vécu mes pires tourments, ici aussi, des migrants à la merci du plus fort, attendaient que l'on décide de leur sort et comble de l'ironie, j'avais fini par devenir ici un des rouages essentiels de ce commerce barbare, mon rôle consistant surtout à identifier puis à remettre sur pieds les hommes et les femmes les plus affaiblis de nos cargaisons.

Cargaisons ! Voilà que je me mettais à parler et à penser comme lui ! Pourquoi ? Je ne le savais pas trop moi-même, quoique si au fond. Peut-être pour mieux préserver les vies de mes fils qui n'auraient jamais la chance de connaître ma mère qui n'avait reçue qu'une seule photo d'eux envoyée par téléphone.

Je ne pouvais qu'imaginer sa frustration et sa solitude grandissante qui n'arrangeaient en rien son état qui se détériorait depuis des mois et souhaitais plus que tout la serrer de nouveau dans mes bras au plus vite.

Marwan m'avait donné son accord et se disait prêt à organiser mon voyage pour le Cameroun où je pourrai passer quelques semaines à ses côtés, mais sans les enfants, ce que j'avais bien sûr refusé, craignant trop de ne plus les revoir par la suite et espérait que ma mère puisse un jour me pardonner mon égoïsme.

Oui, un jour, si Dieu le veut…

Ce livre a été imprimé sur papier recyclé

par le robot-imprimeur Gutenberg.one

à

la Librairie de l'Harmattan

24, rue des Écoles, 75005 Paris

le 09/12/2021 à 13:36:56

Numéro d'impression : 2095

Livre acheté sur la boutique www.gutenberg.one

61b1f86665fe9c046ee8552f